浙江省高职院校"十四五"重点立项建设教材
高等职业教育法律类专业新形态系列教材

警械与武器使用

主　编◎黄晓武　杨　林

撰稿人◎(按撰写章节顺序)

　　　　黄晓武　侯凯耀　豆　鹏

　　　　贾　岩　郭建利　楼凌峰

　　　　汪一夫　杨　林　林佳东

　　　　刘传礼

中国政法大学出版社

2025·北京

声　　明　1. 版权所有，侵权必究。
　　　　　2. 如有缺页、倒装问题，由出版社负责退换。

图书在版编目（CIP）数据

警械与武器使用 / 黄晓武, 杨林主编. -- 北京：中国政法大学出版社, 2025.1. -- ISBN 978-7-5764-1892-7

Ⅰ. D631.15

中国国家版本馆 CIP 数据核字第 202557EZ99 号

出 版 者	中国政法大学出版社
地　　址	北京市海淀区西土城路 25 号
邮　　箱	fadapress@163.com
网　　址	http://www.cuplpress.com（网络实名：中国政法大学出版社）
电　　话	010-58908435(第一编辑部) 58908334(邮购部)
承　　印	北京鑫海金澳胶印有限公司
开　　本	787mm×1092mm　1/16
印　　张	17.5
字　　数	392 千字
版　　次	2025 年 1 月第 1 版
印　　次	2025 年 1 月第 1 次印刷
印　　数	1~4000 册
定　　价	66.00 元

编写说明

为进一步推动职业教育高质量发展，我们紧紧围绕习近平总书记对人民警察队伍提出的"对党忠诚、服务人民、执法公正、纪律严明"十六字总要求，以培养"追得上、打得赢、说得过、判得明"的高素质技能警务人才为目标，根据浙江省高职院校"十四五"首批重点教材建设项目的要求，遵循最高人民法院和司法部相继出台的《人民法院司法警察警用装备配备标准》《人民法院司法警察常用警用装备使用办法（试行）》《人民法院司法警察佩戴使用枪支办法》和《监狱人民警察警用装备配备标准（试行）》《监狱人民警察单警装备使用管理办法》等规范性文件，特组织学院、人民法院、监狱等一线教师和实务专家共同编写本教材。本教材体现正确的政治立场和价值导向，加强社会主义核心价值观教育，具有较高的思想性、科学性、时代性。

《警械与武器使用》作为高职刑事执行、司法信息安全、司法警务等警察类专业核心课程，以培养警察类专业学生具备合法、合理、安全、有效地使用警械与武器的能力及适应新时代人民警察执法工作的专业人才为宗旨，以警械与武器使用的法律法规为依据，突出警械与武器实战能力的培养。本教材分为：警械使用基础理论、单警装备使用、防暴防护装备使用、安全检查装备使用、综合保障装备使用、警用武器使用六大专题学习。

本教材依据监狱人民警察和人民法院司法警察队伍建设和专业发展的新形势，以真实案例为载体，通过现代信息技术融合，将技术变革、教学手段方法创新及时应用到教材编写中，把思政元素、二维码、随堂习题、知识链接、情境考核方案等教学资源以科学的方式编排在每个学习任务中，真正实现教材、课堂、教学资源三者融合的新型活页式教材。

本教材有三个特点：

1. 突出政治引领，思政多元育人。坚持以习近平新时代中国特色社会主义思想为指导，在人民警察职业素养中融入习近平法治思想的精髓，弘扬对党忠诚、服务人民、执法公正、纪律严明的人民警察职业精神，实现新时代社会发展对高素质、实用型预备人民警察的人才需求。

2. 体现尊法崇法，规范执法理念。所有学习的知识内容都以相应的法律法规为依据，建立依法执法的法治理念，并将执法程序要求融入警械与武器使用的知识要点和技能要领之中，提高规范合理的执法水平。

3. 创设专题模块，一体化教学练战考。以人民法院司法警察和监狱人民警察使用警械与武器的典型案例为载体，将传统警械与新型装备相结合，并进行科学、合理划分，使各专题和学习任务之间既自成体系，又存在紧密的逻辑联系，易于学习掌握。针对人民法院司法警察和监狱人民警察执法所需具备的各项知识、技能、素质目标，创设案例情境导入，遵循职业教育教学规律和人才成才规律，制订实战考核目标、内容、方法，设置考核标准，真正达到教、学、练、战、考一体化的目标。

本教材各专题撰写人如下：

专题学习一：黄晓武（浙江警官职业学院）、侯凯耀（重庆市第五中级人民法院）

专题学习二：豆鹏（北京市通州区人民法院）、黄晓武（浙江警官职业学院）

专题学习三：黄晓武（浙江警官职业学院）、贾岩（浙江警官职业学院）

专题学习四：侯凯耀（重庆市第五中级人民法院）、郭建利（甘肃省环县人民法院）

专题学习五：楼凌峰（浙江省乔司监狱）、汪一夫（浙江省乔司监狱）

专题学习六：杨林（浙江警官职业学院）、黄晓武（浙江警官职业学院）、林佳东（浙江警官职业学院）、刘传礼（浙江警官职业学院）

本教材由黄晓武统稿，杨林、黄晓武审定。

本教材既可作为高等职业院校相关专业教学的教材，也可作为在职教育培训教材，并对警械与武器使用的理论和实务研究工作具有一定的参考价值。

在本书的编写过程中，编者参考、引用了许多专家、学者及实务人员的著述、观点、案例，参考、引用了一些行业部门的案例，在此我们一并表示衷心的感谢；本书的编写出版得到了中国政法大学出版社的鼎力相助，编辑人员付出了辛勤的劳动，在此谨致谢忱。

由于作者水平和实践经验有限，书中疏漏乃至谬误之处在所难免，敬请各位专家和同行及广大读者批评指正，以便在今后修订时不断加以完善。

编　者

2024 年 6 月

目 录

专题学习一　警械使用基础理论 …………………………………………………… 1
　学习任务一　人民警察相关概念、性质、职权与执法依据 ………………………… 2
　学习任务二　警械的概念、特点以及分类 …………………………………………… 7
　学习任务三　警械的使用规范 ………………………………………………………… 9

专题学习二　单警装备使用 ………………………………………………………… 18
　学习任务一　单警装备配备与佩带 …………………………………………………… 18
　学习任务二　伸缩警棍使用 …………………………………………………………… 24
　学习任务三　催泪喷射器使用 ………………………………………………………… 37
　学习任务四　手铐使用 ………………………………………………………………… 47
　学习任务五　对讲机使用 ……………………………………………………………… 58
　学习任务六　执法记录仪使用 ………………………………………………………… 63
　学习任务七　强光手电使用 …………………………………………………………… 69

专题学习三　防暴防护装备使用 …………………………………………………… 76
　学习任务一　防暴盾牌使用 …………………………………………………………… 76
　学习任务二　防暴钢叉、多功能抓捕器使用 ………………………………………… 88
　学习任务三　长警棍使用 ……………………………………………………………… 97
　学习任务四　警械组合战术应用 ……………………………………………………… 105
　学习任务五　防刺服、防割手套使用 ………………………………………………… 113
　学习任务六　警绳使用 ………………………………………………………………… 119
　学习任务七　防暴头盔、防毒面具使用 ……………………………………………… 125
　学习任务八　防暴服使用 ……………………………………………………………… 131
　学习任务九　约束带使用 ……………………………………………………………… 136

1

学习任务十　脚镣使用 ………………………………………………………… 141

专题学习四　安全检查装备使用 ……………………………………………… 146
　　学习任务一　酒精检测仪使用 …………………………………………………… 146
　　学习任务二　手持金属探测器使用 ……………………………………………… 152
　　学习任务三　通道式 X 射线探测器使用 ………………………………………… 159
　　学习任务四　爆炸物探测器和液体检测仪使用 ………………………………… 166

专题学习五　综合保障装备使用 ……………………………………………… 171
　　学习任务一　便携式阻车器使用 ………………………………………………… 171
　　学习任务二　警用隔离设备使用 ………………………………………………… 176
　　学习任务三　警用急救包使用 …………………………………………………… 181
　　学习任务四　警用便携式破窗器使用 …………………………………………… 187
　　学习任务五　破拆组合工具使用 ………………………………………………… 192

专题学习六　警用武器使用 …………………………………………………… 199
　　学习任务一　基础理论 …………………………………………………………… 199
　　学习任务二　基本常识 …………………………………………………………… 209
　　学习任务三　战术基础动作 ……………………………………………………… 231
　　学习任务四　应用射击技术 ……………………………………………………… 256
　　学习任务五　实弹射击组织与实施 ……………………………………………… 270

专题学习一　警械使用基础理论

思政引领

2020年8月26日，中国人民警察警旗授旗仪式在人民大会堂举行。中共中央总书记、国家主席、中央军委主席习近平向中国人民警察队伍授旗并致训词。本专题学习中，将习近平总书记相关指示精神融入到各知识点中，强调人民警察要对党忠诚、服务人民、执法公正、纪律严明，全心全意为增强人民群众获得感、幸福感、安全感而努力工作，坚决完成党和人民赋予的使命任务。

内容概要

本专题是人民警察使用警械的基础理论部分，主要向学员介绍人民警察的形成以及中国共产党领导下人民警察所具有的特征；阐释人民警察各警种所享有的职权异同；梳理人民警察各警种使用警械的执法依据；对警械的概念、特点及分类进行具体介绍；对警械使用的基本理念、原则、法定情形和程序进行详细阐释。

情境导入

情境导入一：2020年6月，某省监狱生活现场，罪犯张某因强拿硬要他犯的生活物品发生激烈的争执与厮打，执勤民警赶到现场，请问此时监狱人民警察应当如何处置？执法依据是什么？

情境导入二：2022年3月，某案件当事人赵某因不服判决结果，饮酒后来到某区人民法院安检大厅入口，执勤司法警察发现其神态异常并且身上有酒味便要求赵某进行酒精测试，赵某不但不配合司法警察对其进行酒精测试，而且还推搡执勤司法警察并抢夺酒精检测仪将其摔到地上。请问此时司法警察应当如何处置？执法依据是什么？赵某随后掏出随身携带的管制刀具，对抗司法警察的执法行为，请问此时司法警察可以如何处置？执法依据是什么？

学习任务一　人民警察相关概念、性质、职权与执法依据

学习目标

知识目标：熟知人民警察的概念与性质；了解人民警察的职权；熟悉人民警察使用警械的执法依据。

能力目标：具备依法履职的法律判断能力；具备运用警械的法律判断能力。

素养目标：为全面建设社会主义现代化国家、实现中华民族伟大复兴的中国梦，创造安全稳定的政治社会环境。

基本知识

警察一词的含义，在不同历史时期和不同国家都是有区别的，总体而言其内涵有着一个逐渐缩小、逐步专业的变化过程。最开始的警察内涵是"都市统治的方法与都市行政"，后指内务行政，再到专指内务行政中的警察行政，其范围在逐渐缩小。在中国，"警察"一词直到清朝末年才从日本引进，并沿用至今，成为中国现代警察制度的专有名词。

一、人民警察的概念与性质

（一）人民警察的概念

恩格斯在《家庭、私有制和国家的起源》一书中指出"警察是和国家一样古老的，国家是不能没有警察的"，说明了警察与国家的本质关系，也体现出警察的阶级属性。我国是人民民主专政的社会主义国家，我国的人民警察既是人民民主的重要保障，也是人民专政的重要力量。1950年，周恩来总理曾经专门指出，中华人民共和国的警察要区别于旧警察，必须在前面加上"人民"二字。人民警察来自人民并服务于人民，人民警察工作必须依靠人民，必须走专门机关和群众路线相结合的路线。

本书认为，人民警察是维护国家安全，维护社会治安秩序，保护公民人身安全、人身自由、合法财产，保护公共财产，预防、制止、惩治违法犯罪的，是重要的治安行政和刑事司法力量。根据《中华人民共和国人民警察法》第2条的规定，我们可以将人民警察的概念界定为，为了维护国家安全和社会治安秩序，保护公民的人身安全、人身自由和合法财产，保护公共财产，运用武装、行政和司法等特殊强制手段，预防、制止和惩治违法犯罪活动的组织机构及其工作人员。人民警察包括公安机关、国家安全机关、监狱、劳动教养管理机关的人民警察[1]（司法行政机关的人民警察）和人民法院、人民检察院的司法警察。

---

[1] 2013年12月28日，全国人大常委会通过《全国人民代表大会常务委员会关于废止有关劳动教养法律规定的决定》，宣布废止劳动教养制度，同时还宣布对正在被依法执行劳教的人员解除劳教，剩余期限不再执行。劳动教养机关人民警察转为强制戒毒人民警察，本教材将监狱人民警察、强制戒毒人民警察统称为司法行政机关的人民警察。

（二）人民警察的性质

1. 阶级性。警察是生产力不断发展的结果，不同历史阶段生产关系的变化决定了警察阶级属性的差异。在人类文明的演进中出现了三次社会大分工，出现了剩余财产和贫富分化，出现了阶级。随着阶级矛盾变得不可调和，国家开始出现，伴随着国家的出现，警察与法庭、行政机关一并产生，用以维护统治阶级的利益，是故阶级性为警察最本质和最首要的特征。随着不同时期生产力的发展，相应的生产关系也处在动态变化之中，处于生产关系之中的各个阶层地位也相应的产生变化，当某个阶层地位上升到统治阶层时，对应的警察也就贴上了相应阶层的标签，成为维护该阶层统治利益的工具。中华人民共和国是工人阶级领导的、以工农联盟为基础的人民民主专政的社会主义国家。我国人民警察的阶级性体现在维护社会秩序，主要表现为镇压危害国家安全的犯罪活动，制裁危害社会治安、破坏社会主义经济和其他犯罪的活动，惩办和改造犯罪分子。

2. 国家性。警察是国家政权的组成部分，是国家维护公共安全秩序的重要治安行政和刑事司法力量。根据《中华人民共和国人民警察法》及相关法律规定，我国人民警察分设在政府部门和司法机关，分别由公安部、国家安全部、司法部、最高人民法院、最高人民检察院实施管理，在不同的国家政权机构中发挥着维护国家政治安全、维护社会秩序，保护人民群众生命财产安全，预防、制止和惩治违法犯罪活动的作用，为巩固我国人民民主专政发挥着重要的作用。同时，我国人民警察还发挥着服务人民的重要作用，成为联系群众的重要渠道，是我国社会治理体系不可或缺的重要组成部分。

3. 武装性。警察的武装性是与生俱来的，从起源上讲，早期的警察与军队并未严格划分，我国人民警察的起源也与人民军队的发展演变密不可分。随着时代的发展，虽然人民警察与人民军队实现分离，人民警察进入政府和司法机关，但其在政府和司法机关中并未改变其武装性。首先其承担的任务具有武装性，无论是公安机关人民警察、人民法院司法警察还是监狱人民警察，其承担的任务均是具有一定对抗性质的警察任务，其武装性不言而喻。其次是其使用警用装备的武装性，为完成武装性质的任务，人民警察配备了警械和警用武器，与其他行政力量相比，人民警察可以合法地使用暴力手段制止违法犯罪活动，这是其重要特征。最后是其自身管理的武装性，人民警察与人民军队一样使用衔级制度，实施编队管理，有严格的纪律要求和内务管理规定，在招录和培训上不同于其他行政力量，具有其自身特点。

4. 服务性。警察的服务性是随着统治阶级的变化而逐渐产生的。在不同的阶级统治时期，警察的服务性强弱和范围也不同。当统治阶级和被统治阶级矛盾激烈时，警察更多的体现出统治阶级对被统治阶级的镇压，突出武装性；当统治阶级和被统治阶级矛盾缓和，社会平稳发展时，警察便更多转向为服务性，为全体社会成员服务，维护社会正常发展。我国人民警察自诞生之日起，就坚持服务人民，树立以人民为中心的发展思想，做到一切为了人民、一切依靠人民，维护人民利益，努力实现维护人民民主专政和服务人民的有机统一。

二、人民警察的职权

根据《中华人民共和国人民警察法》第 2 条第 2 款规定，人民警察包括公安机关、国家安全机关、监狱、劳动教养管理机关的人民警察和人民法院、人民检察院的司法警察。由于警种不同，其职权也有所区别。警察职权由警察职责与警察权限组成。所谓警察职责，是指警察机构及其成员在履行警察职务中必须遵守和承担的法定责任与应行的法定义务。所谓警察权限，是指警察机构及其成员为了保证警察职责的有效履行，而依法必须具备的对被管理的人或事项进行决策的范围和程度以及依法能采用的方式、方法和手段。警察权限是警察职权直接外化而被社会公众所看到或感知到的具体权力形式，也可称为狭义上的警察职权。

本教材重点介绍行政机关的人民警察和人民法院司法警察的职权。

（一）监狱人民警察的职权

1. 监狱人民警察的职责。依据《中华人民共和国刑法》《中华人民共和国刑事诉讼法》《中华人民共和国监狱法》等法律及相关规定，监狱人民警察肩负着管理监狱、刑罚执行、对罪犯教育改造等职责。

（1）管理监狱。监狱人民警察是监狱的管理者，对监狱人、财、物各项事务进行管理，保障监狱安全稳定运行，要做到依法管理、严格管理、科学管理、文明管理，防止脱逃、非正常死亡等重大、恶性事故的发生。具体包括：①对罪犯在监狱内的服刑活动进行管理。狱政管理、生活管理、卫生管理、劳动生产管理等，都是监狱人民警察管理职责的重要内容。②对监区环境以及周边环境的管理。保护监狱的设施和财产不受非法侵犯，并加强与有关单位司法关系和周边单位、人民群众的其他关系。

（2）刑罚执行。刑罚执行是指监狱机关对人民法院生效裁判所确定并交付执行的刑罚予以实施的过程。《中华人民共和国监狱法》第 2 条规定："监狱是国家的刑罚执行机关。依照刑法和刑事诉讼法的规定，被判处死刑缓期二年执行、无期徒刑、有期徒刑的罪犯，在监狱内执行刑罚。"监狱人民警察作为国家刑罚的执行者，具有依法执行刑罚、惩罚犯罪的职责。具体包括：收监，处理罪犯提出的申诉、控告和检举，对罪犯提出减刑、假释的建议，暂予监外执行，释放等一系列刑罚执行活动。在刑罚执行活动中，要求监狱人民警察要有强烈的法律意识和较高的执法水平，以事实为依据，以法律为准绳，重调查、重表现、重证据，严格依法办事，做到秉公执法，不枉不纵。

（3）教育改造罪犯。"惩罚与改造相结合，以改造人为宗旨"是我国新时代监狱工作的方针，社会主义行刑工作的一切目的和归宿都是以人为本、以改造人为宗旨。因此，监狱人民警察作为特殊的"园丁"，要担负起教育改造罪犯的神圣职责。在实际工作中，要正确处理惩罚与改造、教育与劳动的关系，切实履行改造罪犯职责，坚持因人施教、分类教育、以理服人的原则，不断提高罪犯改造质量。对罪犯的教育不仅仅是对罪犯进行思想、文化和技术"三课教育"，更包括了刑罚执行过程中进行的一切能改造罪犯思想、品德，矫正罪犯恶习和增进罪犯知识、技能的活动。监狱人民警察要切实履行好改造人、提高人、促进人的全面发展的职责，不仅要使罪犯成为"守法公民"，还要使其逐渐成为道德完善、心理健康、能较好适应现代社会的人。

（4）保护罪犯合法权益。罪犯虽然被依法剥夺了人身自由，但是仍然享有被剥夺和限制的权利之外的一些基本的公民权利，如人格权、生命健康权、申诉权、控告权、辩护权、检举权、人身财产权等。监狱人民警察是与罪犯直接打交道的执法者和管理者，与罪犯权益保护息息相关，因此必然要担负保护罪犯合法权益的职责。但实际上处于服刑中的罪犯是被惩罚、被改造的对象，他们与监狱人民警察在法律关系中的地位是不平等的，权利的行使和保障必然受到主客观条件的限制。因此，监狱人民警察要注意保护罪犯在服刑期间仍然享有的基本权利，防止权力滥用造成对罪犯合法权益的侵害，同时还需要同社会有关方面进行协调沟通，确保罪犯权益不受侵害。

2. 监狱人民警察的权限。根据《中华人民共和国监狱法》第5条规定，"监狱的人民警察依法管理监狱、执行刑罚、对罪犯进行教育改造等活动，受法律保护。"即在法律上赋予了监狱人民警察的狱政管理权、刑罚执行权和教育改造权等权力。监狱人民警察的职责和职权是对应的，有什么样的职责就必然赋予其相应的权力。

（1）狱政管理权。狱政管理权是监狱人民警察的一项基本权力，它是维护监管改造秩序，保证监狱正常运行的基础性前提，其主要内容包括：①对罪犯服刑场所的监管权；②对罪犯的分押分管权；③对罪犯日常活动和生活的安排、监督权；④对罪犯改造、生产活动的考核权；⑤对罪犯人身、物品、通信、会见的检查权等。作为监狱的管理者，对监狱各项人、财、物等事项进行管理，保障监狱的安全稳定，做到依法管理、严格管理、科学管理、文明管理，防止罪犯脱逃、非正常死亡等重大、恶性事故的发生，是监狱人民警察的首要职责。

（2）刑罚执行权。刑罚执行权是监狱人民警察的核心权力，它涉及收监，对罪犯的申诉、控告、检举等的处理，减刑，假释和释放等全过程，其内容主要包括：①收押权；②对罪犯申诉等提请处理权；③对罪犯减刑、假释建议权；④暂予监外执行权；⑤释放权等。监狱人民警察在刑罚执行活动中，要以事实为依据、以法律为准绳，尊重宪法和法律，严格执法、秉公执法，这是其必须完成的中心任务。

（3）教育改造权。教育改造权是对罪犯依法实施思想转化、文化知识学习、行为习惯养成和劳动技能培训等一系列活动的权力的总和。其内容主要包括：①对罪犯的思想教育权；②对罪犯的文化教育权；③对罪犯的职业技术教育权；④对罪犯的劳动改造权；⑤协调社会组织对罪犯进行社会化教育权等。监狱人民警察作为特殊"园丁"，在实际工作中要正确处理惩罚与改造、教育和劳动的关系，切实履行好改造罪犯职责，坚持因人施教、分类教育、以理服人原则，不断提高罪犯改造质量，贯彻好"惩罚与改造相结合，以改造人为宗旨"的新时期监狱工作方针。

同时，《中华人民共和国监狱法》《中华人民共和国人民警察使用警械和武器条例》等法律规定还明确了监狱人民警察警械和武器使用权。《中华人民共和国监狱法》第45条第1款规定，监狱遇有下列情形之一的，可以使用戒具：（一）罪犯有脱逃行为的；（二）罪犯有使用暴力行为的；（三）罪犯正在押解途中的；（四）罪犯有其他危险行为需要采取防范措施的。《中华人民共和国监狱法》第46条第1款规定，人民警察和人民武装警察部队的执勤人员遇有下列情形之一，非使用武器不能制止的，按照国家有关规定，可以使用武器：（一）罪犯聚众骚乱、暴乱的；（二）罪犯脱逃或者拒捕的；（三）罪犯持有凶器或者其他危险物，正在行凶或者破坏，危及他人生命、财产安全的；（四）劫夺罪犯的；（五）罪犯抢夺武器的。

（二）人民法院司法警察的职权

1. 人民法院司法警察的职责。根据2020年最高人民法院公布的《最高人民法院关于人民法院司法警察依法履行职权的规定》这一司法解释，对《人民法院司法警察条例》第二章职权的内容进行修订和完善，将司法警察的职责由原来的八条扩充为十条，进一步丰富和完善了司法警察职责，可分为以下几类职责：

（1）审判执行保障。审判执行保障包括维护审判执行秩序，预防、制止、处置妨害审判执行秩序的行为；在刑事审判中，押解、看管被告人或者罪犯，传带证人、鉴定人、有专门知识的人或者其他诉讼参与人，传递、展示证据，执行强制证人出庭令；在民事、行政审判中，押解、看管被羁押或者正在服刑的当事人；在强制执行中，配合实施被执行人身份、财产、处所的调查、搜查、查封、冻结、扣押、划拨、强制迁出等执行措施；查验进入审判区域人员的身份证件，对其人身及携带物品进行安全检查。

（2）司法裁决及强制措施执行。司法裁决及强制措施执行包括执行死刑；执行扣押物品、责令退出法庭、强行带出法庭、拘传、罚款、拘留等强制措施。

（3）维护机关安全和涉诉信访秩序。维护机关安全和涉诉信访秩序包括协助人民法院机关安全和涉诉信访应急处置工作。

（4）保护司法工作人员人身安全。保护司法工作人员人身安全包括保护正在履行审判执行职务的司法工作人员人身安全。

2. 人民法院司法警察的权限。2020年最高人民法院公布的《最高人民法院关于人民法院司法警察依法履行职权的规定》作为司法警察职权配置的主要依据，对司法警察职权作出了较为详尽的规定，确定了司法警察的十项职责和相应的执法权限。三大诉讼法及其司法解释以及最高人民法院相关司法文件中也对司法警察部分职权配置作出了规定，形成了现阶段司法警察职权体系。现行法律规范中司法警察执法权限主要包括审判执行现场秩序维护权、强制手段使用权、调查取证权、诉讼强制措施提请与执行权等内容。

三、人民警察使用警械的执法依据

（一）人民警察共同的执法依据

人民警察包括公安机关、国家安全机关、司法行政机关的人民警察和人民法院、人民检察院的司法警察。《中华人民共和国人民警察使用警械和武器条例》是现阶段人民警察使用警械的共同执法依据，该条例适用全体人民警察，比较全面地规定了使用警械和武器的原则、条件、情形、禁止规定及程序，其中第二章详细规定了警械使用的情形，是人民警察使用警械的共同依据。

（二）监狱人民警察专用执法依据

除了《中华人民共和国人民警察使用警械和武器条例》可以作为监狱人民警察执法依据以外，《中华人民共和国监狱法》第45条规定了监狱人民警察使用戒具的具体情形，构成了监狱人民警察使用警械专用执法依据的基础。在此基础上，司法部发布了《监狱人民警察单警装备使用管理办法》对单警装备的佩带、使用、监督管理等做出具体规定，进一步细化监狱人民警察使用警械的具体情形，规范监狱人民警察使用警械的行为。

（三）人民法院司法警察专用执法依据

除了《中华人民共和国人民警察使用警械和武器条例》可以作为人民法院司法警察执法依据以外，最高人民法院针对人民法院司法警察执法活动中使用警械也另行做出了规定。《最高人民法院关于人民法院司法警察依法履行职权的规定》《人民法院司法警察常用警用装备使用办法（试行）》对人民法院司法警察使用警械具体应用情形、执法流程、监督管理等做出详细规定，进一步规范人民法院司法警察使用警械。

学习任务二　警械的概念、特点以及分类

学习目标

知识目标：熟知警械的概念、理解警械的特点、熟悉警械的分类。

能力目标：具备准确识别警械的基础能力和不同警情选择使用合适警械的实战能力。

素养目标：培养学生严格规范公正文明执法的意识。

基本知识

人民警察的任务是维护国家安全，维护社会治安秩序，保护公民的人身安全、人身自由和合法财产，保护公共财产，预防、制止和惩治违法犯罪活动。人民警察制止违法犯罪行为，可以采取强制手段，而人民警察在采取强制手段制止违法犯罪行为时，就可能根据需要使用警械等警用装备。

一、警械的概念

传统意义上的警械仅包含《中华人民共和国人民警察使用警械和武器条例》所规定的专用器械，但随着时代的发展、技术的进步以及工作实践的需要，传统警械已经不能涵盖监狱人民警察和司法警察日常执法执勤所需器械和装备的内容，亦不能满足现阶段工作实践的现状。根据《监狱人民警察警用装备配备标准（试行）》和《人民法院司法警察警用装备配备标准》的规定，本教材将警械的概念进行扩大解释，等同于上述标准中警用装备的范畴。

本教材所指警械是指监狱人民警察和人民法院司法警察根据《监狱人民警察警用装备配备标准（试行）》和《人民法院司法警察警用装备配备标准》规定，在依法履行职权过程中所配备使用的传统警械和其他设备。

监狱人民警察和人民法院司法警察根据职责分工和具体承担的任务需要，选择携带不同种类的警械，并按照《中华人民共和国人民警察使用警械和武器条例》《监狱人民警察单警装备使用管理办法》和《人民法院司法警察常用警用装备使用办法（试行）》依法规范合理有效的使用警械。

二、警械的特点

（一）配备的合规性

警械的配备必须符合司法部和最高人民法院相关文件规定，严格禁止个人私自配备、超范围配备、超标准配备和缩小范围、降低标准配备警用装备。合规性是警械区别于其他器械的重要标志，列入相关文件的警械是经过国家严格审核检验和认证的装备，符合工作需求，具有安全可靠稳定的特点，而其他未纳入相关规定的器械，由于没有合规性，其不具备成为警械的基本资格。

（二）主体的特殊性

警械作为国家为人民警察依法履行职权所配备使用的专用器械和其他设备，根据《监狱人民警察警用装备配备标准（试行）》和《人民法院司法警察警用装备配备标准》规定，监狱人民警察和人民法院司法警察是警械配备使用的主体。司法行政系统的其他工作人员以及人民法院的其他工作人员不具备警械配备的主体资格。但人民法院由于工作的特殊性，需要司法警务辅助人员协助司法警察开展工作，因此在人民法院司法警务辅助人员履职过程中，可以在人民法院司法警察的带领下，配备必要的执勤和安全防护装备。

（三）使用的有限性

警械作为人民警察依法履行职权的重要物质支撑，其可以辅助人民警察处置现场发生的违法犯罪行为，有效制止控制执法对象，实现执法目标。但警械的使用必须符合主体适格、对象准确、时机恰当、程序规范等要求，并非所有的依法履行职权的行为都可以使用警械，警械的使用具有明确的限制条件。

三、警械的分类

本教材根据监狱人民警察和人民法院司法警察工作实际，结合相关规定，将警械分为单警装备、防暴防护装备、安全检查装备、综合保障装备四类装备。

（一）单警装备

单警装备是指监狱人民警察和人民法院司法警察在执行警务时个人随身佩带的基本装备，如警用多功能腰带、伸缩警棍、催泪喷射器、手铐、强光手电、对讲机、执法记录仪等。

（二）防暴防护装备

防暴防护装备是指监狱人民警察和人民法院司法警察在执行警务时配备的各类用于驱

散、制服、约束执法对象和自身安全防护的专用器械和设备，如防暴盾牌、防暴钢叉、警绳、防暴头盔、防刺服、防割手套等。

（三）安全检查装备

安全检查装备是指监狱人民警察和人民法院司法警察在执行安全检查任务时配备的各类用于人员和物品查验的专用器械和设备，如酒精检测仪、手持金属探测器、通道式 X 射线探测器等。

（四）综合保障装备

综合保障装备是指为保障监狱人民警察和人民法院司法警察各项任务安全顺利进行配备的各类通讯、数据存储、后勤保障等专用器械和设备，如便携式阻车器、警用隔离设备、警用急救包、破拆组合工具、警用便携式破窗器等综合保障装备的基础等。

学习任务三　警械的使用规范

学习目标

知识目标：熟悉警械使用的基本原则和基本理念，熟知使用的法定情形和使用的程序。

能力目标：具备在执法现场使用警械的法治思维和依法规范、合理、有效使用警械开展执法活动的实战能力。

素养目标：培养学生严格规范公正文明执法的意识。

基本知识

使用警械是人民警察日常工作的重要内容，也是人民警察依法履行职权的重要组成部分，严格规范公正文明执法包含了对人民警察规范使用警械的内在要求。人民警察使用警械是为了有效制止正在严重危害安全的违法犯罪行为，是为了保护人民群众合法权益及警察自身安全不受到执法对象的侵害。人民警察在使用警械过程中既要保证人民警察正确使用警械，制止违法犯罪行为，又要体现保护人民群众合法权益和自身安全的精神；既要鼓励和保护人民警察合法合规使用警械，以确保其充分履行职责，又要防止人民警察滥用警械侵害人民群众合法权益。

一、警械使用的基本原则

（一）依法依规使用

人民警察使用警械必须符合法律法规规定的使用情形、使用条件和使用程序，这是人民警察使用警械必须遵循的首要原则。依法使用就是要求人民警察必须在现场判明执法对象所实施的具体行为是否是一个违法或犯罪行为。这就要求人民警察必须熟知相关法律条款规定，在现场准确判明行为的违法性并做出相应决策。依规使用就是要求人民警察必须根据《监狱人民警察单警装备使用管理办法》《中华人民共和国人民警察使用警械和武器条例》《人民法院司法警察常用警用装备使用办法（试行）》等规定，严格按照规定的情形、条件和程序等使用警械。

（二）及时准确使用

人民警察在现场执法活动中，必须准确识别、判明违法行为，根据法律法规的规定，快速作出使用警械的决定，这是对人民警察使用警械的基本要求。及时，就是要求使用警械必须在法定的时限范围内，在违法犯罪行为正在实施的过程中使用，并且应当在符合使用条件的第一时间使用，尽可能的降低违法犯罪行为所带来的危害后果。准确，就是要求使用警械时，现场行为是符合法律法规规定的情形，对象是正在实施违法犯罪行为的嫌疑人，目的是制止违法犯罪行为，程度是以制停违法犯罪行为为限，全面准确地使用警械。

（三）适度恰当使用

人民警察使用警械，应当以制止违法犯罪行为，尽量减少人员伤亡、财产损失为原则。这是对人民警察使用警械在适度上的要求，使用警械必须以制止违法犯罪行为为目的，不能以剥夺或者伤害执法对象的生命或者损害其健康为目的。在实际使用过程中，人民警察应当选择在可以达到执法目的的前提下，以对执法对象伤害最小的警械和执法手段开展执法活动。恰当使用，就是要求人民警察在使用警械的时候，必须对应执法对象的具体违法犯罪行为和暴力程度选择合适的警械，同时兼顾执法对象的年龄、性别、身体状况、身份情况等综合选择警械，以最小的代价换取最大的胜利。

（四）安全有效使用

人民警察使用警械，核心目的是为了确保安全，这既包括自身安全，也包括执法对象和现场群众的安全，因此在使用警械过程中必须做到安全的使用，同时通过使用警械确保执法活动的安全。警械使用的效果是执法活动成败的关键，因此人民警察在使用警械过程中，还必须注重警械使用的有效性问题。只有通过合法、合规、合理、合情的使用警械，才能最大程度的实现警械使用的有效性。在警械使用过程中，安全有效使用是必须贯穿始终的基本原则。

二、警械使用的基本理念

（一）保持戒备

戒备就是人民警察在使用警械过程中，始终保持高度警惕，提前对可能发生的违法犯罪行为进行预判，做好使用强制手段的准备，抢占现场执法活动先机，确保执法活动安全有序进行。戒备包括了思想戒备和身体戒备。思想戒备要求人民警察保持高度的警惕性，充分了解和认识到现场执法活动的不确定性和执法对象的危险性，并主动调动自身主观能动性，提升随机应变水平，激发自身潜能，树立信心，从心理层面建立一定优势。身体戒备是人民警察在执法活动现场保持一种身体随时可以运动的状态。处于身体戒备状态的人民警察，可以随时针对执法对象的行为快速做出身体动作反应，身体姿势应当是一种相对平和而随时可动的状态。

（二）保持距离

保持距离是人民警察在现场执法活动中必须坚持的基本理念，应当贯穿执法活动始终。安全来源于距离，距离能够让人民警察获得重要的反应时间，使执法对象不能轻易接触到人民警察身体，对人身安全产生实际威胁。距离的保持应当结合执法现场环境、执法对象身体条件、对抗强度等因素综合判断，一般情况下，与执法对象保持一臂距离是最基本的要求，这种距离条件下，执法对象不能直接接触到人民警察的身体，如果发动攻击，必须上前一步。如果现场判断危险性较高，人民警察可以适当增加距离，以保持执法活动的安全。

（三）合理站位

在现场执法活动中，不同的站位带来的执法效果差别较大，合理的选择站位就为赢得现场执法的主动权增加了重要的砝码。合理的站位，首先要考虑如何有利于人民警察进退自如、显隐灵活、有利观察；其次要充分利用执法现场环境及物品摆放情况，占据有利控制位置，确保现场物品始终保持在人民警察控制之中；最后要注重形成对执法对象的心理压迫态势，通过站位对其形成压迫感，同时要做好随时控制执法对象的准备，一旦有需要，可以第一时间进行控制。一般情况下，执法现场的站位注重有利于对人员、危险源、通道的控制。

（四）保持沟通

沟通是现场执法活动的重要一环，良好的沟通既能够确保现场警令畅通，及时处置，又能够有效减缓执法对象的抵抗情绪，甚至可以达到不战而屈人之兵的目的。人民警察在现场执法活动中是以一个整体出现，但具体实施过程中又会分成若干部分开展工作。每个部分工作的情况都关乎整体，而各个部分之间行动的协调统一就需要良好的沟通。无论是现场遇见的各种危险因素的及时通报，还是超出计划范围的突发情况，都需要通过及时沟通迅速决策，否则可能延误战机，导致现场执法活动失败。与执法对象的沟通也是现场执法活动中非常重要的部分，人民警察通过与执法对象的沟通，充分了解其诉求，宣讲法律政策，开展心理攻势，一定程度上可以缓解矛盾，防止现场执法活动中严重暴力行为的发生。

三、警械使用的法定情形

警械包含了传统警械和其他装备，针对警械的使用《中华人民共和国人民警察使用警械和武器条例》做出了相应的规定。但随着时代的发展，针对传统警械以外的其他警用装备如何使用缺乏相应的规定，因此司法部和最高人民法院专门出台相关文件，在《中华人民共和国人民警察使用警械和武器条例》的基础上，进一步细化规范包括传统警械在内的警械的使用问题，为一线执法的人民警察提供重要指导。

（一）人民警察使用警械的法定情形

1. 《中华人民共和国人民警察使用警械和武器条例》第 7 条规定，人民警察遇有下列情形之一，经警告无效的，可以使用警棍、催泪弹、高压水枪、特种防暴枪等驱逐性、制服性警械：（一）结伙斗殴、殴打他人、寻衅滋事、侮辱妇女或者进行其他流氓活动的；（二）聚众扰乱车站、码头、民用航空站、运动场等公共场所秩序的；（三）非法举行集会、游行、示威的；（四）强行冲越人民警察为履行职责设置的警戒线的；（五）以暴力方法抗拒或者阻碍人民警察依法履行职责的；（六）袭击人民警察的；（七）危害公共安全、社会秩序和公民人身安全的其他行为，需要当场制止的；（八）法律、行政法规规定可以使用警械的其他情形。人民警察依照前款规定使用警械，应当以制止违法犯罪行为为限度；当违法犯罪行为得到制止时，应当立即停止使用。

2. 《中华人民共和国人民警察使用警械和武器条例》第8条规定，人民警察依法执行下列任务，遇有违法犯罪分子可能脱逃、行凶、自杀、自伤或者有其他危险行为的，可以使用手铐、脚镣、警绳等约束性警械：（一）抓获违法犯罪分子或者犯罪重大嫌疑人的；（二）执行逮捕、拘留、看押、押解、审讯、拘传、强制传唤的；（三）法律、行政法规规定可以使用警械的其他情形。人民警察依照前款规定使用警械，不得故意造成人身伤害。

（二）监狱人民警察使用警械的法定情形

监狱人民警察遇有下列情形之一，经警告无效的，可以当场使用警棍、催泪喷射器：

1. 罪犯打架斗殴，寻衅滋事，需要及时制止的。
2. 罪犯聚众哄闹，扰乱正常监管秩序的。
3. 罪犯破坏监管设施、劳动设备的。
4. 罪犯超越警戒线和规定区域，脱离监管擅自行动的。
5. 罪犯以暴力方法抗拒或者阻碍监狱人民警察依法履行职责的。
6. 罪犯袭击监狱人民警察或者其他监狱工作人员的。
7. 法律法规规定的其他情形。

使用警棍、催泪喷射器后，应当立即向所属部门或者机关书面报告使用情况。

（三）司法警察使用警械的法定情形

司法警察依法履行职责时遇有下列情形之一，经警告无效的，可以当场使用伸缩警棍、催泪喷射器、强光手电、防暴盾牌、长警棍、防暴钢叉、多功能抓捕器等警械：

1. 哄闹、冲击审判执行工作现场，扰乱司法工作秩序，危及司法安全的。维护审判执行现场秩序是司法警察的重要法定职责，哄闹、冲击审判执行工作现场的行为破坏审判执行工作秩序，损害司法权威，危及司法安全，不仅违反相关法律的规定，也可能涉嫌违反《中华人民共和国治安管理处罚法》《中华人民共和国刑法》的其他相关规定，其违法性确凿无疑，对于哄闹、冲击审判执行现场的行为，司法警察可以根据现场执法对象的暴力程度，选择适用相应的警械予以制止和控制，防止事态的扩大。

2. 以暴力方法抗拒或者阻碍人民法院司法工作人员依法执行职务的。人民法院司法工作人员依法执行职务受法律保护，针对以暴力方法抗拒或阻碍司法工作人员依法执行职务的行为司法警察使用警械予以制止具有相当的必要性。此处的暴力一般情况下是针对现场发生的、针对人所实施的行为，该行为具有现实紧迫性和危险性，必须通过使用警械予以制止，否则就可能造成人员伤亡。

3. 违法犯罪嫌疑人、被告人实施脱逃、自杀、自伤等危险行为的。脱逃、自杀、自伤的行为一旦发生，后果不可挽回，只有通过明确司法警察可以使用警械对此类行为予以制止，才能最大限度减小危害后果发生的可能性，确保审判执行安全。

4. 殴打司法工作人员及其他人员的。殴打是指以暴力直接损伤他人身体的行为，其行为无论发生在人民法院内部还是执行公务现场，都具有违法性和现实危险性，司法警察在徒手不足以制止的情况下，可以使用警械予以制止。

5. 对非法携带枪支、弹药、管制刀具或者爆炸性、易燃性、放射性、毒害性、腐蚀性物品以及传染病病原体进入审判区域，拒不服从司法警察指令的。携带上述物品前来人民法院，且拒不服从司法警察指令的行为是一种涉嫌危害公共安全的行为，一旦处置不当就可能造成巨大损失。通过明确司法警察可以使用警械处置此类情形，可以第一时间将危险控制住，确保人民法院安全。

6. 强行冲越司法警察为依法执行职务设置的警戒线的。警戒线是执法现场常见的区域边界，它划定了执行公务的区域，明示禁止人员进出，人民群众应当遵守。当出现强行冲越警戒线的行为时，执法现场有可能面临秩序被破坏、人员受伤害、物品被毁损等情况，司法警察有必要通过使用警械予以制止。

7. 实施危害人民法院安全、工作秩序和公民人身安全的其他行为，需要当场制止的。该种情形要注意区分行为的当场性和现实紧迫性、危险性，只有具备当场实施且具有现实紧迫危险的情况下司法警察才可以使用警械予以制止。

8. 司法警察依法履行职责时，遇有违法犯罪嫌疑人、被告人、被拘传人及其他诉讼参与人可能行凶、脱逃、自杀、自伤或者有其他危险行为的，可以使用手铐、脚镣、警绳等约束性警械。执行押解任务时，应当对被告人规范使用手铐等约束性警械，并根据案件性质、危险程度视情况使用脚镣、头套等警械。因被告人年龄、健康等原因不宜使用的除外。该情形根据司法警察工作具体情况进一步细化了手铐、脚镣等约束性警械的使用，并且对于押解工作提出了特殊要求，需要在实践中灵活掌握运用。

四、警械使用的程序

人民警察使用警械必须依照法定程序进行，判明是否符合使用警械的条件，选择恰当合理的警械，依照规定的操作规程进行使用，否则就有可能出现违反程序使用警械的情形，需承担相应的法律责任。根据现场执法活动的一般规律，人民警察在使用警械时，一般均可按照下列程序进行。

（一）观察

观察是人民警察使用警械的前置必须程序，只有在充分全面观察、搜集足够信息的基础上，才能为正确合理使用警械打下基础。此处的观察，更多的是指到达执法现场前或在执法现场的观察，观察的对象包括执法活动涉及的人员、场所、物品以及关联事件的相关情况，做到到达现场前搜集了解足够多的信息，对现场基本情况做到心中有数。在执法活动现场，针对使用警械的情形，重点应当观察行为人的具体行为，看清、看准行为人具体实施的行为细节、所处的位置、周围的环境和人员情况等，为最后付诸行动提供详尽的基础信息。

（二）判断

判断是人民警察在执法中是否可以使用警械的决定性环节，在很多执法活动中，警察存在不敢使用警械或者过度使用警械的情形，上述情况的发生往往就是在判断这个环节出了问题，不知自己到底能否使用警械或者使用什么样的警械。人民警察首先需要在观察的基础上，有效识别现场涉嫌违法的行为，对该行为进行法律判断，通过法律逻辑三段论推导出该行为是否具有违法性。在确定其行为具有违法性之后，人民警察就具备了使用警械的先决条件，因为根据相关规定，人民警察制止违法犯罪行为可以使用强制手段，而强制手段就包括了使用警械的行为。在确定可以使用警械后，现场执法的人民警察就需要确定使用什么样的警械，于是便进入到决策过程。

（三）决策

在判断出现场行为人实施的是违法行为后，人民警察就必须对违法行为予以制止，此时选择什么样的警械需要进行决策。人民警察在决策使用什么样的警械时，首先需要考虑的是行为的暴力等级；其次是现场环境，包括空间大小、人群密集程度、危险物品情况等；最后还要考虑行为人的年龄、性别、身体条件等因素。总体来说，决策使用什么样的警械必须考虑以制止违法犯罪行为为限度，不得滥用警械，同时也应当确保人民警察和群众生命财产安全。

（四）行动

行动是整个使用警械的最后一个，也是检验实战能力和决定执法活动成败的一个核心环节。行动既包括了现场的组织指挥、战术安排、警力协同、装备配备等内容，更包含了现场人民警察自身的技战术能力发挥。在行动的环节需要人民警察充分运用自身能力，合法、合规、合理、合情地使用警械，最终达到制止违法犯罪行为，控制执法对象的目的。行动的过程中，针对使用不同的警械应当采用相应的操作流程，比如使用驱逐性、制服性警械时，就应当严格遵守一般情况下警告在先的规定，在执法活动现场发出清晰明确的警告词。又如在使用催泪喷射器时，制服执法对象并将其控制后，应及时询问身体状况并对其进行清洗。执法对象有异常反应或者可能发生疾病的，应当及时采取救治措施。行动能力的培养，也是人民警察训练工作的重点内容，本书之后部分将会重点解决现场行动能力提升的问题。

思维拓展

一、随堂习题

1. 人民警察各警种职权和使用警械执法依据的异同是什么？

2. 什么是警械？警械的分类有哪些？
3. 警械使用的基本原则和理念是什么？
4. 警械使用的法定情形和程序是什么？

二、法律依据

1. 《中华人民共和国人民警察法》。
2. 《中华人民共和国刑事诉讼法》。
3. 《中华人民共和国监狱法》。
4. 《中华人民共和国人民警察使用警械和武器条例》。
5. 《监狱人民警察警用装备配备标准（试行）》。
6. 《监狱人民警察单警装备使用管理办法》。
7. 《最高人民法院关于人民法院司法警察依法履行职权的规定》。
8. 《人民法院司法警察警用装备配备标准》。
9. 《人民法院司法警察常用警用装备使用办法（试行）》。

能力测评

一、任务书

请以小组为单位，根据情境导入案例，进行实战演练。

二、任务分组

区队			组号		指导老师	
组长			学号			
组员	姓名		学号	姓名		学号
任务分工						

三、情境考核方案

《警械使用基础理论》情境考核方案

【考核目标】

在学生理解警械的概念、特点、分类，掌握警械使用的基本原则、基本理念、法定情形和程序后，根据情境导入案例进行实战考核，提升学生的警械实战运用能力。

【考核内容】

1. 考察各警种使用警械的执法依据。
2. 考察警械的概念、特点以及分类。
3. 考察警械使用的基本原则和基本理念。
4. 考察警械使用的法定情形和程序。

《警械使用基础理论》情境考核评分表

处置小组：　　　　　考核组：　　　　　考核时间：

一级指标	二级指标	学生互评	任课教师	总评
人民警察使用警械的执法依据、概念以及分类（30分）	执法依据（10分）			
	概念（10分）			
	分类（10分）			
警械使用的基本原则和基本理念（40分）	依法依规使用、及时准确使用、适度恰当使用、安全有效使用（20分）			
	保持戒备、保持距离、合理站位、保持沟通（20分）			
警械使用的法定情形和程序（30分）	警械使用的法定情形（15分）			
	观察、判断、决策、行动（15分）			
合计（100分）				

专题学习二　单警装备使用

思政引领

习近平总书记强调:"努力建设一支党和人民信得过、靠得住、能放心的政法队伍"。人民警察是党领导下的纪律部队,也是一支社会主义法治工作队伍,必须大力推进队伍革命化、正规化、专业化、职业化建设,着力锤炼铁一般的理想信念、铁一般的责任担当、铁一般的过硬本领、铁一般的纪律作风,确保做到忠于党、忠于国家、忠于人民、忠于法律。

内容概要

本专题主要对单警装备使用中的七大种类(单警装备配备与佩带、伸缩警棍、催泪喷射器、手铐、对讲机、执法记录仪、强光手电)的规范佩带顺序、基本知识、基本技能、实战应用进行了较为全面的阐述。培养学生依法、合理、规范、安全、有效地使用单警装备的使用能力和实战技能。

学习任务一　单警装备配备与佩带

学习目标

知识目标:熟悉单警装备配备、佩带的基本知识和使用基本原则。

能力目标:掌握单警装备的规范使用能力和实战技能,能够合理、快速、安全、有效地使用单警装备。

素养目标:培养规范佩带单警装备的意识。

情境导入

情境导入一：2018年1月，某省监狱生活现场，罪犯赵某纠集、煽动多名罪犯聚集，无理取闹，不服从民警的正常管理，现场执勤民警拨打了请求警力增援的电话，指挥中心迅速指令特警中队佩带单警装备与其他警用装备立即赶赴事发监区。

情境导入二：2018年8月，某区人民法院指挥中心接到在外协助强制现场的司法警察请求警力增援的电话，指挥中心迅速调集警力，要求全体佩带单警装备立即赶赴执行现场增援司法警察。

基本知识

单警装备是人民警察在执法执勤过程中所配备的个人基本装备。近年来，随着最高人民法院和司法部对装备经费投入的大幅度增加，人民法院司法警察和监狱人民警察装备建设取得了长足的进展。首先，加强和规范单警装备的配备和使用，有助于快速有效地震慑和制止违法犯罪行为；其次，单警装备科学化、制度化、正规化的配备能促进规范化建设；最后，从实用性出发，科学规范的统一单警装备配备项目与佩带顺序，能提高单警装备在实战中执法安全保障效能的发挥。

一、单警装备配备项目

1. 监狱人民警察在日常执法执勤过程中配备的单警装备包括警用多功能腰带、伸缩警棍、催泪喷射器、警哨、手铐、强光手电、对讲机、执法记录仪。

2. 人民法院司法警察在日常执法执勤过程中配备的单警装备包括警用多功能腰带、伸缩警棍、催泪喷射器、强光手电、手铐、警务工作包、执法记录仪、对讲机、警用武器（详见专题学习六）等。

二、单警装备佩带要求

科学正确的佩带单警装备能够使人民警察在日常执法执勤中快速有效地投入到警务实战中，其直接影响执法执勤中实战效能的发挥。

1. 伸缩警棍。伸缩警棍在收缩状态时，握把朝上，棍头朝下，正直放入快拔套中。为保持临战状态，可将伸缩警棍保持前斜向上，更方便于取用。

2. 催泪喷射器。催泪喷射器的喷头朝上、喷嘴朝前，直立放入快拔套中，保证使用时能第一时间、准确地朝向使用方向。为保持临战状态，可将催泪喷射器保持前斜向上，更方便于取用。

3. 强光手电。检查电量是否充足，手电头部朝下，正立放入快拔套中。有附带绳带的强光手电使用时要注意防止绳带影响使用。

4. 手铐。保持手铐双环合拢紧扣，扇齿处于开锁状态并推到最后一格，放入快拔套中。

5. 警务工作包。要保证工作包内物品符合实战任务所需,如急救包、防割手套等,同时要及时更新确保物品完备。

6. 执法记录仪。检查电量是否充足,摄像镜头是否清晰,确保在处置警情时可以全程进行不间断记录。

7. 对讲机。检查天线是否拧紧、检查是否有电、检查是否入网、频道是否准确,检查 PTT 按键以及通话质量。

8. 警哨。检查哨体、哨嘴、搭孔是否有污染物堵塞,确保紧急情况下能发出求救信号。

9. 手枪。在验枪完毕的基础上,遵守人民警察佩带使用枪支规范(子弹未上膛时,打开保险;子弹上膛时,关闭保险),枪口朝下装入枪套内。

三、单警装备佩带顺序

人民警察科学的佩带单警装备能够切实增强人民警察的执法战斗力。单警装备的佩带顺序应当便于取放使用、安全稳固,以实战为导向,以实际任务为牵引。

1. 监狱人民警察佩带顺序。对讲机、警哨、手铐、强光手电依次挂带在多功能腰带右侧;警棍、催泪喷射器依次挂带在多功能腰带左侧;警务工作包置于多功能腰带中间位置;执法记录仪挂带在执勤警服左肩带;对讲机有肩式话筒的,挂带在执勤警服右肩带(如下图)。

图 2-1 监狱人民警察单警装备佩带顺序

2. 人民法院司法警察佩带顺序。催泪喷射器、手铐、警务工作包依次挂带在多功能腰带强手侧(需要佩带枪支时,挂带在强手侧第二位置);伸缩警棍、对讲机、强光手电依次挂带在多功能腰带弱手侧;警务工作包置于多功能腰带中间位置;执法记录仪挂带在左肩部或者左胸部等位置(如下图)。

图 2-2　人民法院司法警察单警装备佩带顺序

思维拓展

一、知识链接

1. 请扫码学习《监狱人民警察单警装备佩带顺序》视频。

2. 请扫码学习《人民法院司法警察单警装备佩带顺序》视频。

二、随堂习题

1. 监狱人民警察单警装备配备项目有哪些？
2. 人民法院司法警察单警装备配备项目有哪些？
3. 监狱人民警察单警装备佩带是什么顺序？
4. 人民法院司法警察单警装备佩带是什么顺序？

三、法律依据

1. 《监狱人民警察单警装备使用管理办法》第 4 条、第 5 条。
2. 《人民法院司法警察常用警用装备使用办法（试行）》第 6 条、第 7 条。

能力测评

一、任务书
请以小组为单位，根据情境导入案例进行实战演练。

二、任务分组

区队		组号		指导老师	
组长		学号			

组员	姓名	学号	姓名	学号

任务分工	

三、情境考核方案

《单警装备配备与佩带》情境考核方案

【考核目标】

在学生了解单警装备配备佩带的基本知识，掌握和运用单警装备的佩带顺序和方法，理解和掌握单警装备使用的基本原则后，根据情境导入案例进行实战考核，以提升单警装备的规范使用能力和实战技能。

【考核内容】

1. 考察单警装备配备项目。
2. 考察单警装备佩带顺序。
3. 考察单警装备佩带的基本原则。

《单警装备配备与佩带》情境考核评分表

处置小组：　　　　考核组：　　　　考核时间：

一级指标	二级指标	学生互评	任课教师	总评
单警装备配备项目（30分）	准确选项（15分）			
	规定时间（15分）			
单警装备佩带要求（40分）	伸缩警棍、催泪喷射器、警哨、手铐（20分）			
	强光手电、对讲机、执法记录仪、手枪（20分）			
单警装备佩带顺序（30分）	准确选项（15分）			
	规定时间（15分）			
合计（100分）				

学习任务二　伸缩警棍使用

学习目标

知识目标：熟悉伸缩警棍的作用、规范佩带及持握技能；掌握伸缩警棍攻击、防御、控制等技能。

能力目标：掌握伸缩警棍使用的安全规范及实战应用。

素养目标：培养合法、安全、有效地使用伸缩警棍开展警务执法活动的能力。

情境导入

情境导入一：2022年10月，某省监狱生产劳动现场，两名罪犯因产品质量发生争执厮打，现场执勤民警迅速上前处置，经警告后，张犯停止打架，听令后退蹲下，贾犯借机抄起凳子砸向张犯，执勤民警果断使用警棍上前格挡，并使用劈击和控制技术将贾犯制服。

情境导入二：2019年1月，一名对判决结果不满的当事人，持刀冲进某市中级人民法院诉讼大厅，随意乱砍诉讼大厅中的司法工作人员，现场执勤的人民警察发现这一情况后迅速向前，使用警棍攻击技能将执法对象持握的凶器打落并将其控制。

基本知识

一、种类与作用

伸缩警棍是一种驱逐性和制服性警械，可分为阻力伸缩警棍和机械伸缩警棍。使用伸缩警棍时，一般不主动击打执法对象头部或裆部等致命部位，主要通过击打执法对象的四肢神经点使其暂时丧失活动能力，或通过挥舞警棍取得并保持安全距离，达到驱逐、制服的目的。

二、结构

以机械伸缩警棍为例，伸缩警棍管体间采用多环阻尼气密结构，主要由棍头、前管、中管、解锁尾盖、防滑握柄等组成（如下图）。

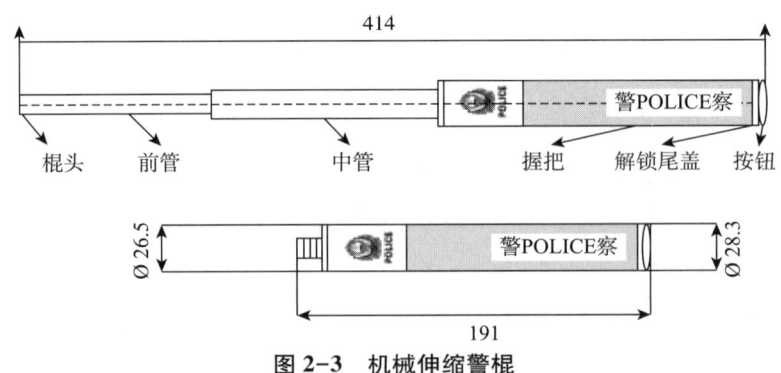

图2-3　机械伸缩警棍

基本技能

一、佩带

警棍以收缩状态置于警棍快拔套内，佩带在多功能腰带弱手侧第一个位置。

图 2-4 佩带

二、取棍和持棍

（一）取棍

目视执法对象，弱手扶住警棍快拔套，强手向前推取出警棍（如下图）。

图 2-5 取棍

（二）持棍

持握警棍应握在握柄的中间部位（距离警棍末端约 2~3 手指宽度的位置），适度用力将警棍均衡地置于手掌内。击打时不能放松手腕和手指，以保持持棍的稳固性（如下图）。

图 2-6　持棍

（三）击打部位

使用警棍进行击打时，主要击打人体的四肢部位，小臂内外侧、大腿内外侧和小腿内外侧等神经部位。一般情况下不能击打头颈和关节连接处等要害部位。

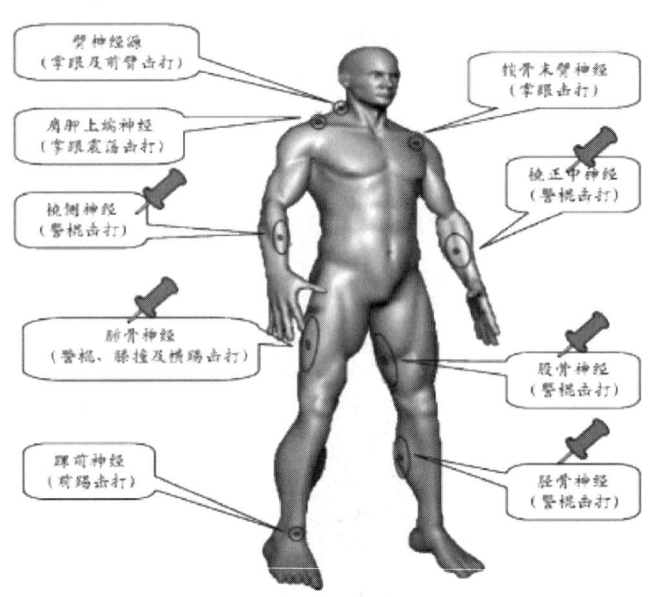

图 2-7　击打部位

实战情境

一、戒备与警告

（一）腹前戒备

侧身站立，膝关节微屈，不开棍，双手持握警棍，将警棍置于腹前腰带处（强手在下，弱手在上，弱手的拇指按在棍头上）或用手臂遮盖警棍，使警棍隐蔽（如下图）。

图 2-8 腹前戒备

（二）提棍戒备

侧身站立，膝关节微屈，强手持棍开棍后，自然下垂置于腿后侧（警棍也可置于腿后隐蔽），弱手在体前自然摆放（提手、下垂、抓带），目视执法对象（如下图）。

图 2-9 提棍戒备

（三）肩上戒备

侧身站立，膝关节微屈，目视执法对象，强手正握警棍开棍后，将警棍置于右肩上方，肘部自然下垂，棍尾指向目标方向。弱手成掌，提至胸前戒备，大（小）臂夹角约 90 度左右（如下图）。

警械与武器使用

图 2-10　肩上戒备

（四）警告

使用警棍应当先行警告，如"警察！别动！否则使用警棍！""警察！放下凶器！否则使用警棍！"等，实战中可根据情况反复警告。

戒备与警告

二、开棍与收棍

（一）上开棍

强手握棍柄，目视执法对象，快速取棍，迅速抬肘大臂带动小臂斜向上约 45 度挥动，利用惯性将警棍打开，警棍打开后迅速呈肩上戒备姿势（如下图）。

图 2-11　上开棍

（二）下开棍

强手握棍柄，目视执法对象，快速取棍，大臂带动小臂斜向下约 45 度挥动，利用惯性将警棍打开，警棍打开后迅速呈肩上戒备姿势（如下图）。

图 2-12　下开棍

（三）前开棍

目视执法对象，强手快速抓握棍柄，大臂带动小臂向前挥动，以鞭打动作将警棍甩出，利用惯性将警棍打开，警棍打开后呈肩上戒备姿势（如下图）。

图 2-13　前开棍

（四）紧急开棍

在执法执勤过程中，突遇危险紧急情况时，来不及使用上述开棍方式形成戒备姿势时，快速取出警棍直接向危险方向甩出开棍的同时完成击打动作。紧急开棍分正手开棍和反手开棍（如下图）。

警械与武器使用

图 2-14 紧急开棍

（五）收棍

当使用完警棍后，环视执法环境，目视执法对象，保持观察戒备的基础上强手持握警棍，大拇指轻按尾部解锁按钮，弱手握前管向握柄方向推回，直至完全收棍，将警棍放入警棍快拔套内（如下图）。

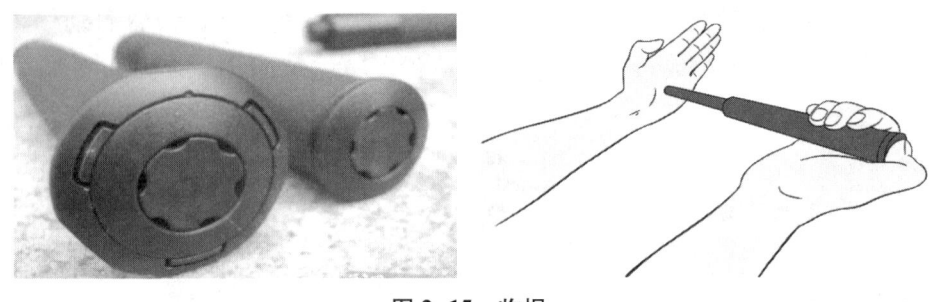

图 2-15 收棍

开棍与收棍

三、攻防技术

（一）截击

截击属于防御技术，人民警察在持棍戒备的动作基础上，蹬地转腰送肩，棍头向上推棍截击（阻截执法对象的凶器或手部），截击后快速收棍戒备。

动作要点：左右推棍，截防准确，收棍迅速，保持戒备（如下图）。

专题学习二　单警装备使用

图 2-16　截击

（二）劈击

人民警察在持棍戒备的动作基础上，蹬地转腰，左右挥棍进行劈击（根据执法对象持械危险程度，选择击打执法对象身体部位），劈击后迅速收棍戒备。劈击方位可分上、下劈棍和横扫棍（如下图）。

动作要点：保持距离，击打准确，收棍迅速，保持戒备。

图 2-17　劈击

31

（三）戳击

人民警察在持棍戒备的动作基础上，强手持棍于胸前，棍头向外，蹬地转腰送肩，直臂前戳（朝执法对象的头、胸、腹部），戳击后快速收棍戒备。

动作要点：蹬转有力，直戳准确，收棍迅速，保持戒备（如下图）。

图 2-18　戳击

攻防技术

四、控制技能

警棍的交叉绞锁也称为三角锁技能，是一种非常实用的镇压控制技能。这种技能的优点在于简单实用，武力等级低于击打技能，可在不猛烈击打执法对象的前提下，对其实施有效的约束和制服，使用警棍解除危险并对其实施有效的约束和制服。这种技能使用时既能迅速控制执法对象，又能避免对其带来严重的器质性伤害。

警棍的交叉绞锁主要是对执法对象的颈部、手腕桡骨、踝关节等部位实施。

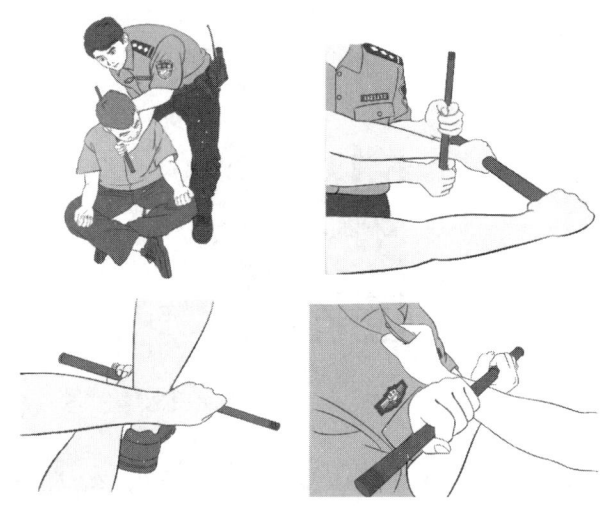

图 2-19 控制技能

（一）小臂锁压控制

针对立姿双手抓住栏杆不放或者坐在车内抓住方向盘死不松手的执法对象，在口头警告无效的情况下，利用交叉绞锁技能将其带离至地面并制服上铐。

1. 插。以控制其右小臂为例，右手持棍迅速从执法对象右侧靠近，棍头由下向上穿过其小臂内侧置于其桡骨侧。

2. 抓。左手迅速从其小臂上方穿过握住警棍中管，同时双手合力锁住其小臂。

3. 压。双手与棍体形成三角锁方式将棍体绞压其小臂，令其因疼痛而松手，同时语言控制："将另一只手放到背后！"保持控制，等待其他人民警察控制其另一只手臂并上铐。

（二）小腿与踝关节锁压控制

针对坐姿拒绝起身者（或者坐在车内拒绝下车甚至用脚踢踹人民警察的执法对象），在口头警告无效的情况下，利用交叉绞锁技能将其制服并上铐。

1. 插。以控制其右脚踝关节为例，人民警察持警棍从侧面接近执法对象，右手将棍迅速由其小腿后侧从右至左穿过，将警棍横置于其踝关节后侧。

2. 抓。左手迅速抓握警棍中管，同时双手合力形成十字交叉锁住其小腿。

3. 压。双手与棍体形成三角锁方式将棍体绞压其踝关节后侧，并向上拖带使其右脚离地并顺时针旋转，至其俯卧，同时语言控制："趴下！双手后背！"其他人民警察上前协助上铐。

（三）颈部锁压控制

针对坐姿低头并将手臂紧抱和双脚盘起的消极抵抗执法对象，在口头警告及徒手控制无效的情况下，利用警棍的交叉绞锁技能将其制服上铐。

1. 插。人民警察持警棍由后接近执法对象，右膝抵住背部，左手由前向后使其头后仰，右手握警棍迅速由左至右从其咽喉前穿过，将警棍置于右侧颈动脉侧。

2. 抓。左手迅速从其颈后方穿过抓握住警棍中管，同时双手合力形成十字交叉锁住其颈部。

3. 压。双手与棍体形成三角锁方式将棍体绞压其颈动脉,并向左转体同时语言控制:"趴下!"将其控制到地面,继续语言控制:"双手后背!"保持控制,等待其他人民警察上前控制其手臂并上铐。

控制技能

五、击打后的处置

人民警察使用警棍击打后,应观察执法对象情况,做出相应处置:

1. 击打后执法对象继续顽抗,使用暴力的,应继续实施控制与击打,如在击打的同时警告:"蹲下,别动"。

2. 击打后徒手或用手铐等警械控制,带离现场。

3. 击打后出现受伤情况,应对其控制后治疗。出现晕厥的,应立即进行抢救。

4. 击打后出现死亡情况的,应保护现场,向上级报告情况。

思维拓展

一、知识链接

请扫码学习《伸缩警棍实战应用视频》。

二、随堂习题

1. 人民法院司法警察使用伸缩警棍的法律依据是什么?
2. 伸缩警棍在何种情形下可以使用?需要满足哪些条件?

三、法律依据

1.《中华人民共和国人民警察使用警械和武器条例》第 7 条。
2.《监狱人民警察单警装备使用管理办法》第 6 条。
3.《人民法院司法警察常用警用装备使用办法(试行)》第 11 条。

能力测评

一、任务书
请以小组为单位，根据情境导入案例进行实战演练。

二、任务分组

区队		组号		指导老师	
组长		学号			
组员	姓名	学号	姓名	学号	
任务分工					

三、情境考核方案

《伸缩警棍使用》情境考核方案

【考核目标】

在学生熟练掌握使用伸缩警棍使用的基本技能后,根据情境导入案例进行实战考核,提升学生的实战运用能力,在模拟情境中培养"忠勇果敢"的职业精神。

【考核内容】

1. 全面考察伸缩警棍的使用技能。
2. 考察学生伸缩警棍的劈击技能。
3. 考察学生伸缩警棍的控制技能。

《伸缩警棍使用》情境考核评分表

处置小组:　　　　考核组:　　　　考核时间:

一级指标	二级指标	学生互评	任课教师	总评
佩带、取棍和持棍（20分）	佩带（10分）			
	取棍和持棍（10分）			
戒备警告与开、收棍（20分）	戒备警告（10分）			
	上开棍、下开棍、前开棍、紧急开棍（10分）			
攻防技术（45分）	截击（15分）			
	劈击（15分）			
	戳击（15分）			
控制技能（15分）	交叉绞锁（15分）			
合计（100分）				

学习任务三　催泪喷射器使用

学习目标

知识目标：理解催泪喷射器种类、作用、结构，熟知佩带的规范和法律适用依据。

能力目标：熟练掌握催泪喷射器使用技能和正确有效的善后处理，提高学生依法安全有效使用催泪喷射器的能力。

素养目标：培养提高严谨规范开展警务执法活动的能力。

情境导入

情境导入一：2021年3月，某省监狱生活现场，罪犯胡某因白天出工时超越警戒线，被安排在监区大厅规定位置就座反省，当执勤民警路过其身边时，胡犯突然情绪激动，对民警大声谩骂，在警告无效情况下，民警果断使用催泪喷射器对胡犯进行处置。

情境导入二：某执行案件被执行人对判决结果不满拒不履行人民法院生效法律文书所确定的义务，某年某月某日，在某区法院依法强制执行过程中，手持木棒对抗执行，执行法官在对被执行人进行释法析理后被执行人仍拒不配合，根据现场执行指挥命令，司法警察在经过警告后依法使用催泪喷雾对被执行人进行喷射，并在其失去抵抗能力后予以控制带离。

基本知识

一、种类与作用

催泪喷射器是一种驱逐性和制服性警械，按其成分可分为天然辣椒素型和化学试剂型催泪喷射器；按喷射的方式可分为射流状喷射型和雾状喷射型催泪喷射器。

当催泪剂喷射到人体的面部（口、鼻、眼）、皮肤和着装上时，通过三种途径对人体产生作用：当催泪剂通过鼻孔进入鼻腔、呼吸道，直至肺部时，可立即使人感到疼痛、胸闷、呼吸困难，并咳嗽，直至窒息；当眼睛、口腔黏膜等部位接触到催泪剂时，可立即使人大量流泪，眼睛受刺激灼痛、睁不开，甚至产生恶心、呕吐的症状；当催泪剂接触到皮肤时，可立即使人感到辛辣、刺痛、灼痛、发痒，并出现红肿，会造成暂时性技能障碍，失去抵抗能力。

二、结构

新型催泪喷射器外观为圆柱形，结构由可视气罐、保险盖、压柄、喷嘴、囊袋等组成，高约为15厘米，容量为70毫升（如下图）。

（横喷型）　　　　（竖喷型）

图 2-20　新型催泪喷射器

三、检查与保养

（一）检查

检查喷嘴是否堵塞，各连接处是否牢固；检查喷剂是否在有效期内；观察罐内剩余液体量；携带前，检查阀体系统是否正常。

（二）保养

使用后进行清洁，保险盖回位，标记使用量；存放于干燥通风处，注意防潮、防腐，向上、小心轻放；常温库存，不应与易燃、易爆品混放，定期进行更换。

基本技能

一、佩带

催泪喷射器应佩带在多功能腰带强手侧第一个位置，喷头朝上，喷嘴向前，放在催泪喷射器快拔套中，需要使用时直接向前上提取使用（如下图）。

图 2-21　佩带

二、取、收技术

1. 取催泪喷射器。目视目标，用强手握住催泪喷射器，取出后直接将喷嘴指向目标（如下图）。

图 2-22 取

2. 收催泪喷射器。目视目标，将催泪喷射器放入快拔套中（如下图）。

图 2-23 收

三、持握技术

1. 单手持握。人民警察强手持握横喷型催泪喷射器时采用拇指按压或食指按压姿势，将喷嘴对准执法对象的脸部位置，弱手上举置于左下颚处防护。持握竖喷型催泪喷射器时采用拇指按压或食指按压姿势，罐体与地面垂直，将喷嘴对准执法对象的脸部位置，弱手上举置于左下颚处防护（如下图）。

图 2-24　单手持握

2. 双手持握。人民警察用强手持握横喷型或竖喷型催泪喷射器时，应尽量前伸；以弱手辅助强手增强稳定性，用强手拇指或食指按放在喷射按钮上，做好喷射准备（如下图）。

图 2-25　双手持握

四、注意事项

1. 在使用时应注意风向，使用者应站在喷射目标的上风方向。

2. 一旦使用者不慎将喷射剂喷射到自己眼睛里和皮肤上，不必惊慌，也不必用药治疗，可以用清水、牛奶或专用催泪喷射清洗剂进行冲洗，10 分钟后症状会自动消失、恢复正常。

五、横喷型催泪喷射器的使用

强手握住催泪喷射器罐体，食指和大拇指逆时针旋转保险盖，直到压柄弹出，将喷嘴对准执法对象，用大拇指用力按压压柄，直到有催泪剂溶液喷出，对多人可以连续喷射，对单人可以点射，点射需要间歇按压压柄。喷射后应迅速改变位置或增加距离，确保安全。

图 2-26　横喷型催泪喷射器的使用

六、竖喷型催泪喷射器的使用

强手握住催泪喷射器外罐，大拇向上顶开保险盖，大拇指按压压柄，将喷嘴对准执法对象，用大拇指用力按压压柄，直到有催泪剂溶液喷出，对多人可以连续喷射，对单人可以连续喷射或者点射，点射需要间歇按压压柄。喷射后应迅速改变位置或增加距离，确保安全。

图 2-27　竖喷型催泪喷射器的使用

横喷型催泪喷射器、竖喷型催泪喷射器的使用

实战情境

一、戒备与警告

（一）戒备

密切观察执法对象举动，当其行为符合使用条件时，取出催泪喷射器，打开保险，摇晃罐体，保持距离，侧身站立，双手或单手持握催泪喷射器指向目标（如下图）。

图 2-28 戒备

（二）警告

警告可以贯穿执法全过程，常用警告语包括："警察！不要有过激行为，否则我将使用催泪喷射器，无关人员请躲避""警察！别动！否则使用催泪喷射器！""蹲下""后退""保持镇定，我帮你清洗面部，请你配合"等。

戒备与警告

二、喷射与移动

（一）喷射

警告无效后，瞄准执法对象面部喷射，用大拇指或者食指用力按下压柄，将囊袋内的催泪剂溶液喷出，根据现场情况可间歇按压点射或左右连续扫射。喷射方法通常有以下三种：圆圈式、上下式、左右式。

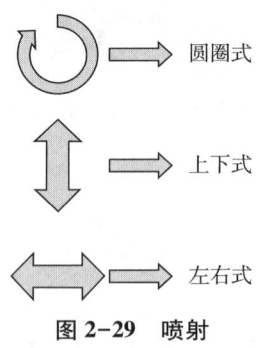

图 2-29 喷射

（二）移动

人民警察在实施喷射后应果断离开原位置，一般可快速后退或者向左右两侧移动，选择有利位置和保持适当的距离，避免自身受到对方攻击或催泪剂溶液污染。

三、运用技术

1. 喷射时间。一般情况下，每次喷射不要超过3秒钟，每秒钟的理论喷射量为131mg，而喷剂的不可耐浓度为3mg/m³，在保证准确命中的前提下，3秒钟的喷射量足以制服对方。

2. 喷射距离。喷射时与执法对象应保持适当的距离，催泪喷射器的有效喷射距离大约为3米。作为广泛装备的喷雾式催泪喷剂，距离越近准确度越高，距离越远作用范围越大，而一般的安全距离约为1米以上。在目标有反抗行为时，人民警察应边撤退保持安全距离边警告，在3~4米的距离上进行喷射较为适宜，喷射时应占据上风口位置。距离过近，人民警察自身被污染的概率和遭受反击的概率也就越大，过远的距离又会对周围环境造成污染，也增大了喷剂的使用量。

四、使用注意事项

为了避免各种意外情况的出现，人民警察在使用催泪喷射器的过程中，应特别注意以下问题：

1. 每次喷射后移动位置，控制距离并注意观察。

2. 喷射时要不断进行警告，明确告知执法对象停止反抗后，将不再被喷射，并用安抚性语言安抚对方，尽量降低目标的对抗心理和反抗行为。

3. 喷射时要注意观察，观察执法对象的行为和反应，决定自己的下一步行动，观察周围的环境，是否有适合自己移动的位置，是否会造成无关人员被污染。

4. 如果喷射对象佩戴眼镜，喷射的位置要略高于眼镜，以便喷剂流到其眼内。

5. 应尽量避免在相对密闭的空间使用催泪喷射器，密闭空间中催泪喷剂不易扩散，会对被喷射的执法对象和环境造成较长时间的影响。

五、喷射后的处置

1. 控制。警告执法对象服从命令，控制执法对象的活动幅度，特别是四肢和头部，防止执法对象攻击，根据情形可以先上铐后处理。

2. 清除感染物。将被喷射的执法对象移至空气流通且未受喷剂污染的场所，保持现场空气流通；使用大量清水、牛奶或专用催泪喷射清洗剂冲洗双眼或面部，冲洗后用湿或干的纸巾吸干受影响部位，不可揉擦；如对方戴有隐形眼镜应先摘除再冲洗。

3. 观察、询问与带离。观察：眼部及面部不适的持续时间应在15~30分钟；呼吸道不适感最多持续60分钟即可得到改善，但仍会出现咳嗽、异物感。如不适症状一直持续，则应送往医院处理。询问：在过去的8小时内是否使用药物或酒精；是否是心脏病、肺病、糖尿病、高血压、哮喘病、过敏症患者。带离：切忌俯位或卧位（会增加其胸部呼吸的阻力）。

六、使用规范流程

1. 保持距离。
2. 口头警告，拿取催泪喷射器。
3. 警告无效，使用催泪喷射器。
4. 移动位置，戒备观察。
5. 再次警告后，缓慢接近并有效控制。
6. 告诫与安慰。
7. 清除感染物。
8. 带离现场。

使用规范流程

思维拓展

一、知识链接

请扫码学习《催泪喷射器实战应用视频》。

二、随堂习题

1. 监狱人民警察使用催泪喷射器的法律依据是什么？
2. 人民法院司法警察使用催泪喷射器的法律依据是什么？
3. 催泪喷射器在何种情形下可以使用？需要满足哪些条件？

三、法律依据

1. 《中华人民共和国人民警察使用警械和武器条例》第 7 条。
2. 《监狱人民警察单警装备使用管理办法》第 6 条。
3. 《人民法院司法警察常用警用装备使用办法（试行）》第 11 条。

能力测评

一、任务书
请以小组为单位,根据情境导入案例进行实战演练。

二、任务分组

区队		组号		指导老师	
组长		学号			
组员	姓名		学号	姓名	学号
任务分工					

三、情境考核方案

《催泪喷射器使用》情境考核方案

【考核目标】

在学生熟练掌握催泪喷射器的使用技能后，根据情境导入案例进行实战考核，提升学生的实战运用能力，在模拟情境中培养"特别能战斗"的职业精神。

【考核内容】

1. 全面考察催泪喷射器使用规范流程。
2. 考察学生对催泪喷射器使用的时机把握。
3. 考察催泪喷射器佩带的规范性。
4. 考察催泪喷射器使用规范性。
5. 考察催泪喷射器实战处置技能的掌握程度。

《催泪喷射器使用》情境考核评分表

处置小组：　　　　考核组：　　　　考核时间：

一级指标	二级指标	学生互评	任课教师	总评
戒备与警告（30分）	戒备、佩带（15分）			
	警告词、声音（15分）			
喷射与移动（40分）	喷射（20分）			
	移动（20分）			
喷射后的处置（30分）	控制（10分）			
	清除感染物（10分）			
	观察、询问与带离（10分）			
合计（100分）				

学习任务四　手铐使用

学习目标

知识目标：熟悉手铐种类结构和检查保养，掌握手铐安全操作和良好习惯。

能力目标：熟练掌握手铐规范使用技能与现场处置的能力，为依法安全高效地开展执法执勤奠定基础。

素养目标：坚持严格规范公正文明执法，提升执法公信力。

情境导入

情境导入一：2017 年 11 月，某省监狱生产劳动现场，罪犯徐某因对改造失去信心，趁现场执勤民警不注意时使用纱剪对自己手腕处进行自残，现场执勤民警发现后立即进行制止，并使用手铐对其进行约束管制。

情境导入二：2022 年 7 月，某区人民法院司法警察大队根据用警申请，拘传某执行案件被执行人，因该被执行人拒不配合传唤，司法警察依法采取强制手段，使用手铐将其拘传回法院。

基本知识

一、种类和作用

手铐属于约束性警械，常见的手铐类型主要有链式手铐、板式手铐和塑料手铐。人民警察在日常执法执勤中通过约束执法对象的双手，从而达到限制其人身自由的目的。

本教材重点介绍公安部 2018 年列装的新型金属手铐。

二、结构

新型金属手铐是以高强钛铝合金为主要材料制成的约束性警械，主要由铐体、扇齿、连接链、钥匙孔等组成。

图 2-30　新型金属手铐

三、检查与保养

使用手铐前，必须做好检查，确认两铐体限位块处于解脱状态，扇齿沿固定轴可自由转动,手铐能正常使用;检查手铐保险锁、卡锁、铐环和连接链的状况,重点检查的是铐体及钥匙是否影响使用效果,如扇齿、铐环及钥匙有无变形、损坏、锁孔内有无异物堵塞等情况。

检查要求包括:能动,铐环能否顺畅摆动;能锁,手铐能否锁定;能开,手铐能否打开;能关,手铐能否关闭保险。

手铐使用完毕要及时进行消毒杀菌。暂时不使用时,可涂油保存,注意防潮。平时不要经常空锁转动铐环,防止锁件磨损,缩短使用寿命。

四、佩带

着警服时,将手铐铐环推入锁梁内至最后一格,使手铐体积处于最小状态,打开保险,装在手铐快拔套内,佩带在多功能腰带强手侧第二个位置。着便衣时,可将手铐佩带、插挂在右后或右前侧的腰带上,隐藏于上衣内侧,也可根据需要将手铐直接放入衣服口袋内携带。

基本技能

一、基本握法

以右手为例。用拇指和食指握住铐体,中指、无名指和小指抓握连接链,铐环朝向根据上铐动作确定,手腕要放松,以便调整铐环方向或瞬时发力。

图2-31 基本握法

二、基本上铐技术

(一)压腕上铐

压腕上铐是指铐环贴近被铐执法对象手腕,下压铐住对方的一种上铐方法。

动作要领:人民警察右手持握手铐,铐环在齿轮里成固定状,将铐环贴靠在被铐执法对象手腕处,用力下压执法对象手臂桡(尺)骨前端,借助向下压力的作用,使铐环顺惯性迅速环绕一周,将被铐执法对象手腕铐住,用食指配合拇指合力拨压铐环,使铐环迅速锁紧,完成上铐。

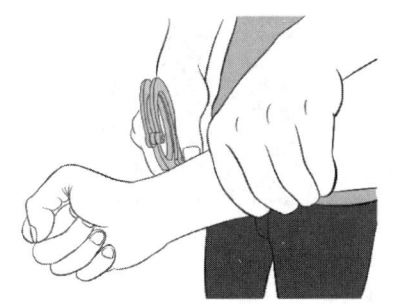

图 2-32　压腕上铐

（二）挑腕上铐

挑腕上铐是指铐环由下向上挑压被铐执法对象手腕，使铐环借力套绕被铐执法对象手腕，铐住执法对象的一种上铐方法。

动作要领：人民警察右手持握手铐，右臂外旋，掌心向上翻转，以手掌外侧及小拇指为力点，铐环由下向上挑压被铐执法对象手腕，使铐环借力套绕其手腕并锁住，用左手食指和中指顺势拨压铐环，使铐环迅速锁紧，完成上铐。

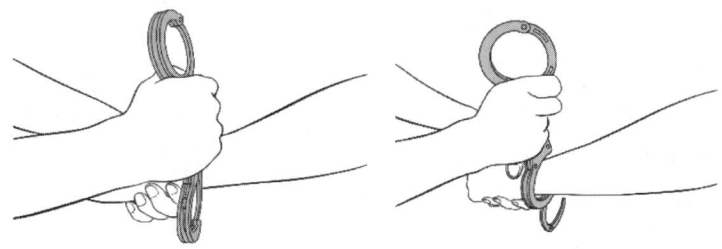

图 2-33　挑腕上铐

（三）开口上铐

开口上铐是指铐环打开，铐体套住被铐执法对象手腕，铐住执法对象的一种上铐方法。

动作要领：人民警察将手铐铐环打开，右手握住锁体，左手抓住铐环，将铐体套住被铐执法对象的手腕，左手迅速向内形成合力，将铐环锁住，完成上铐。

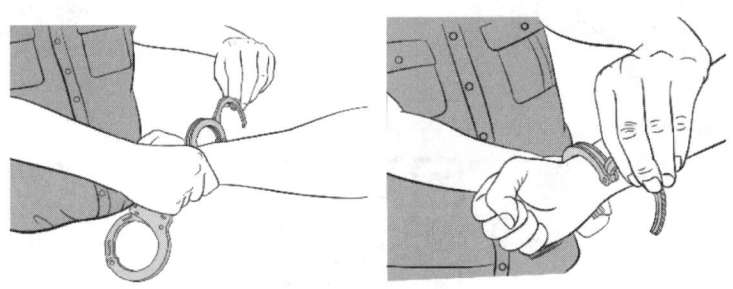

图 2-34　开口上铐

基本上铐技术

实战情境

人民警察使用手铐控制包括实战上铐技术、人身检查和带离技术。

一、上铐前准备

人民警察在上铐前，应根据具体情况，安全规范使用手铐，上铐前应评估分析以下情况：

1. 接触任何被铐对象前，假设对方可能有抗拒心理。
2. 上铐时，用精简的语言控制被铐对象。
3. 上铐前检查和保持正确持握手铐。
4. 安全接近，保持反应距离。
5. 根据情况，上铐前（后）仔细搜身。

二、体前上铐

命令被铐执法对象两手在腰腹高度前伸，掌心或手背相对，人民警察右手持铐从其左侧接近，抓其左手同时向上挑铐，再抓右手向下压铐，检查手铐铐环松紧程度，不得脱落，锁铐后成押解姿势。

图 2-35　体前上铐

体前上铐

三、举手上铐

命令被铐对象转过身去,头向右转,双手上举,五指分开,两腿分开站立。人民警察右手持铐,由左侧后方迅速接近,用左膝顶住被铐对象左膝窝,左手抓握其左手背,迅速下压手腕反拧,将其小臂由前下拧别于后背,左大臂内侧紧贴被铐对象左大臂外侧,以大臂前顶和左手折腕之合力将其控制,命令被铐对象右手抱头,迅速以压铐方式将其右手腕铐住,抓铐下拉将被铐对象右手下拉拧至背后(右手不离铐),再以挑腕方式铐住其左手腕,锁铐后成押解姿势。

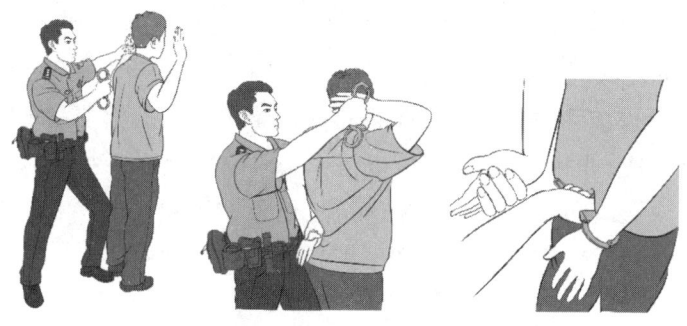

图 2-36 举手上铐

举手上铐

四、背手上铐

命令被铐执法对象转身,两脚分开站立,双臂向下放于体侧,低头弯腰,两手后伸,手心向上,人民警察右手持铐,由右侧后方接近,左手掌心向上成"八字掌"抓握其右手拇指折腕。同时,前推下压其拇指控制手腕,右手迅速以压铐方式将被铐对象右手铐住。随即,左手换握以同样手法控制其左手腕(右手不离铐),再以挑铐方式铐住其左手腕,锁铐后成押解姿势。

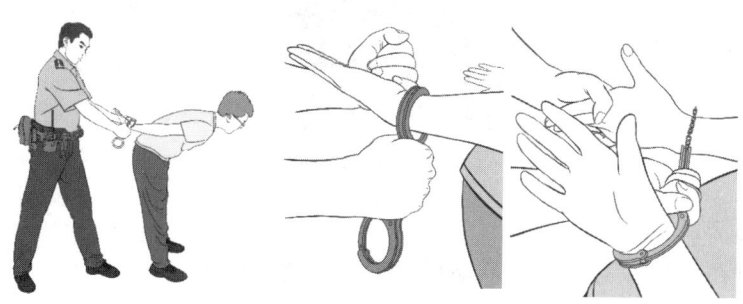

图 2-37 背手上铐

背手上铐

五、伏地上铐

命令被铐执法对象转身,趴在地上呈俯卧状,伏地时两臂平伸,手心向上,右手上抬,两腿分开,头向左转,脸贴地。人民警察右手持铐,由右侧后方迅速接近,左手掌心向上成"八字掌"抓握被铐执法对象右手拇指,前推下压其拇指控制手腕,右手迅速以压铐方式将其右手腕铐住;同时,右膝跪压被铐执法对象肩颈部,左膝跪压腰背部,将其锁肩控制;随即左手换握以同样手法控制被铐执法对象左手腕(右手不离铐),再以挑铐方式铐住其左手腕,锁铐后呈押解姿势(如下图)。

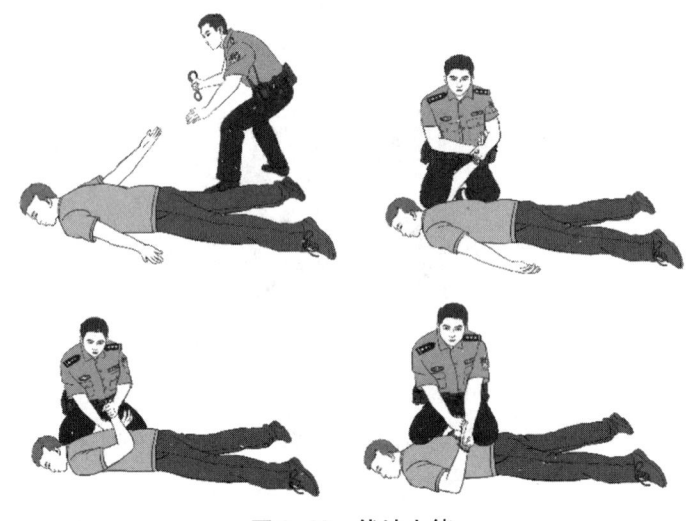

图 2-38 伏地上铐

伏地上铐

六、特殊铐法

特殊铐法是在押解警力不足或手铐数量不足等特殊情况下押解时采用。主要形式有一铐两人、两铐两人,两铐三人,也可以利用警车、柱、杆等物体固定上铐(如下图)。

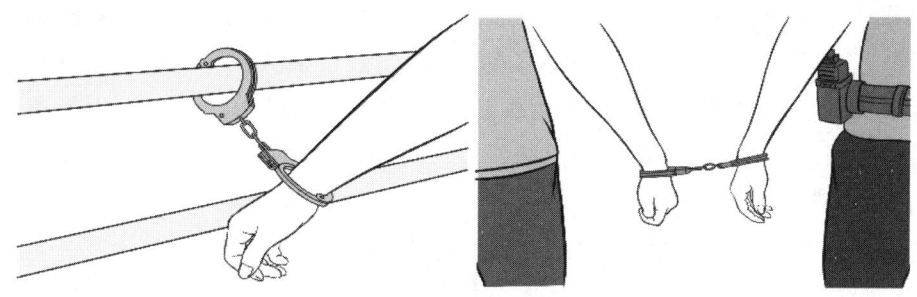

图 2-39 特殊铐法

特殊铐法

七、人身检查

（一）检查要求

1. 人身检查必须在执法对象失去反抗能力，被有效控制的前提下进行。
2. 检查的全过程始终要保持警惕。
3. 检查要先从执法对象的主要部位开始。
4. 检查时的口令必须准确、清楚，不得模棱两可。
5. 检查必须认真彻底，不留隐患。
6. 检查必须分工明确、站位合理。
7. 检查要先腰腹、后上下，一侧检查完换另一侧。
8. 对女性进行人身检查应由女警察执行。

（二）检查手法

1. 抚摸：用手掌贴在衣服上缓慢移动，用掌心感觉所能触及的异状物体。
2. 挤压：手掌不时用力按压，同时用手指抓捏。
3. 翻撩：将目标衣服翻撩开，或者将其衣裤口袋翻开，露在外面进行检查。

（三）检查部位

一般有可能隐藏凶器的部位：帽子里、衣领口里、手指缝间、腰间、皮带内侧、小腿部位等处。

八、带离技术

（一）基本要求

1. 带离时，如果是单警带离，务必要在带离执法对象的侧后方，切忌并行或者在带离执法对象的前方。

2. 如果被带离人员有两人以上，人民警察要分别位于被带离者的左右两侧，或侧后方。如果警力充足，可以由一名人民警察在前面引导，一名人民警察在后方戒备。

3. 带离时，要随时观察、注意带离执法对象的情绪、思想变化，防止带离执法对象与其他人员接触，避免发生或在途中逃脱、自杀等事故。

（二）铐后带离技术

1. 折腕抓肘带离。左手抓肘，右手折腕，实施带离（如下图）。

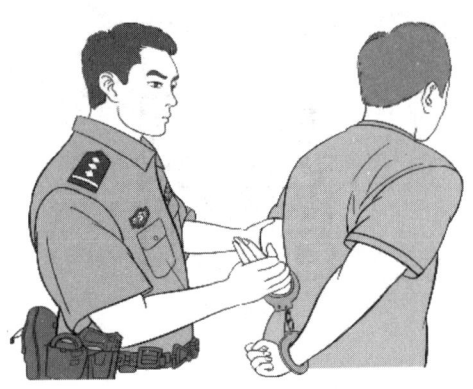

图 2-40 折腕抓肘带离

2. 别臂带离。左手抓肘（或折腕），右手别臂，实施带离（如下图）。

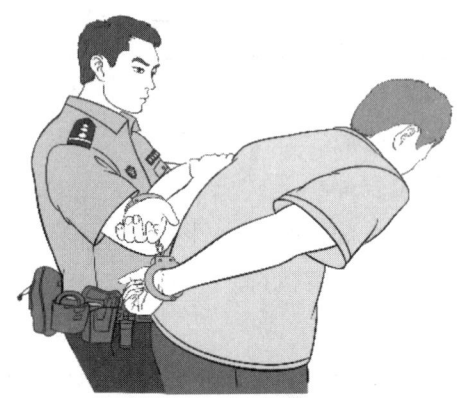

图 2-41 别臂带离

带离技术

九、遇抗控制上铐

人民警察在对执法对象上铐时，为如遇执法对象的反抗可采取下列措施。

1. 站位控制：人民警察保持合理分工，安全站位控制执法对象。
2. 语言控制：对执法对象的语言指令要清晰响亮，有威慑力。
3. 谨慎接近：持握手铐的人民警察要从执法对象左前方、侧后方接近，并保持高度警惕。
4. 关节控制：接近执法对象后用弱手抓控制执法对象右手拇指关节，如遇反抗时可迅速提铐（开酒瓶盖式）控制其手腕，同时后撤、旋转、下拉将其呈俯卧状控制。
5. 如执法对象反抗非常激烈，人民警察无法用手铐控制对方时，应迅速拉开安全距离，采用警力优势和装备优势对其实施控制。

思维拓展

一、知识链接

请扫码学习《手铐实战应用视频》。

二、随堂习题

1. 监狱人民警察使用手铐的法律依据是什么？
2. 人民法院司法警察使用手铐的法律依据是什么？
3. 手铐在何种情形下可以使用？需要满足哪些条件？
4. 体前上铐，持铐警察从执法对象的哪侧接近？
5. 人身检查的基本手法有哪些？

三、法律依据

1. 《中华人民共和国监狱法》第 45 条。
2. 《中华人民共和国人民警察使用警械和武器条例》第 8 条。
3. 《监狱人民警察单警装备使用管理办法》第 8 条。
4. 《人民法院司法警察常用警用装备使用办法（试行）》第 12 条。

警械与武器使用

能力测评

一、任务书

请以小组为单位，根据情境导入案例进行实战演练。

二、任务分组

区队		组号		指导老师	
组长		学号			
组员	姓名	学号	姓名	学号	
任务分工					

三、情境考核方案

《手铐使用》情境考核方案

【考核目标】

在学生熟练掌握手铐的使用技能后,根据情境导入案例进行实战考核,提升学生的实战运用能力。

【考核内容】

1. 全面考察手铐使用规范流程。
2. 考察手铐佩带的规范性。
3. 考察手铐使用的规范性。
4. 考察手铐实战处置技能的掌握程度。

《手铐使用》情境考核评分表

处置小组:　　　　　　考核组:　　　　　　考核时间:

一级指标	二级指标	学生互评	任课教师	总评
戒备与警告（20分）	戒备持握（10分）			
	警告词（10分）			
基本上铐技术（30分）	压腕上铐（10分）			
	挑腕上铐（10分）			
	开口上铐（10分）			
实战上铐技术（40分）	体前上铐（10分）			
	举手上铐（10分）			
	背手上铐（10分）			
	伏地上铐（10分）			
带离技术（10分）	折腕抓肘带离、别臂带离（10分）			
合计（100分）				

学习任务五　对讲机使用

🎯 学习目标

知识目标：理解并熟知对讲机的性能及基本知识。

能力目标：掌握对讲机规范使用能力。

素养目标：培养善于使用对讲机进行实时沟通，充分发挥团队战斗力。

🎯 情境导入

情境导入一：2018年2月，某省监狱生产劳动现场，执勤民警正在组织罪犯就餐，刚从外省调入服刑的罪犯赵某、张某觉得事务犯方某伙食分配不均，而发生争执。其他罪犯见状参与起哄，现场秩序混乱。现场民警制止无效，立即使用对讲机呼叫指挥中心警力增援。

情境导入二：2022年9月，某县人民法院信访大厅内，某信访案件当事人因不满信访案件办理结果，意欲跨越窗户围栏跳楼自杀。巡逻司法警察发现后第一时间通过对讲机向指挥中心汇报，请求警力支援。支援警力赶到后，迅速封锁现场并控制了执法对象。

🎯 基本知识

对讲机又称步话机、手台或电台，是一种双向移动通信工具，在不需要任何网络支持的情况下，可实现通话，适用于相对固定且频繁通话的场合。

一、结构

对讲机的功能部件构成主要有：天线、信道选择旋钮（转动选择频道）、电源开关/音量调节器、状态指示灯、扬声器、麦克风、耳机、麦克风插孔、PTT键、收音机键、监听键/收音机复位键、电池及背扣。

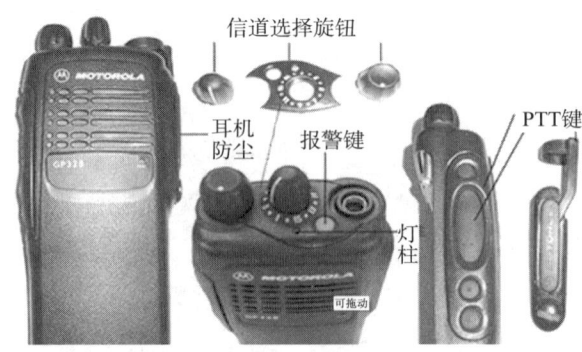

图 2-42　对讲机

二、检查

1. 检查天线是否拧紧。
2. 开机，检查是否有电。
3. 检查是否已经入网。
4. 呼叫测试，检查 PTT 按键以及通话质量。

🎯 基本技能

一、基本操作方法

1. 按住 PTT 键对准喇叭讲话来呼叫对方，松开 PTT 键即可接收对方话音。如果按下 PTT 键讲话时，发现本机的指示闪红灯并发出警告音，说明电池即将耗尽，需立刻更换电池。

2. 当对讲机正在发射信号时，保持对讲机处于垂直位置，并保持话筒与嘴部 2.5~5 厘米的距离。发射时，对讲机距离头部或身体至少 2.5 厘米。如果将手持对讲机携带在身体上，发射时，天线距离人体至少 2.5 厘米。

3. 使用过程中不要进行多次开机、关机的动作，同时把音量调到适合自己听觉的音量。

二、操作要求

1. 了解整个通信系统的结构、功能及各基站的覆盖范围。
2. 了解并熟记主要无线调度台、值班总台以及队组其他成员的对讲机呼号。
3. 了解并熟记自己的对讲机具有的呼叫功能和工作频道（或通话组）。
4. 每次呼叫之前，应检查频道（通话组）选择旋钮和开关（或使用按键在显示屏上选择），确认准确频道（通话组）。
5. 操作期间，最好保持天线与地面垂直，确保良好的收发性能，根据通话效果调整位置或方向。
6. 使用单工或半双工对讲机，一次发射时间不宜过长，否则对方会不习惯操作而插话，接收时要释放 PTT 键。
7. 禁止占用无线信道交流与警务工作无关的事情。
8. 警用无线通信工作中应使用规范用语，如"01"读音为"洞幺"。

数字	0	1	2	3	4	5	6	7	8	9
读音	洞	幺	两	三	四	五	六	拐	八	勾

三、安全保密

1. 警用无线通信保密的重要性。无线电通信是通过无线电波传播信息的，保密性不强。警用无线电设备的管理和使用人员，应严格执行国家无线电保密的有关规定，严防泄密事件的发生。

2. 警用无线通信安全保密须知。加强对无线电管理、使用人员的保密教育，制定具体的保密措施。在没有无线电保密设备或者没有采取任何可靠保密措施的情况下，无线电通信内容不得涉及国家机密。

四、勤务规范

在使用对讲机时，应注意遵循以下原则：

1. 先主后次，先急后缓。在通信业务的处理上必须做到先主后次、先急后缓、先全局后局部、先上级后下级。网络管理员、调度台操作员应根据事件的性质分类，确保无线信道为最紧急、最重要的警务工作服务。

2. 顾全大局，密切协作。各业务单位要树立全局观念，服从指挥、主动配合、密切协作，共同保障无线通信畅通。

3. 严守机密，保证安全。严格执行通信保密规定，防止通信失、泄密。

4. 用语准确，简练规范。通信时，除非必要，必须使用普通话，做到简洁清楚，表意准确，一问一答，语速中等，同时必须在话语结束后有明确的结束词。

五、维护保养

1. 尽量避免淋雨，一旦被雨淋湿或沾水，要及时用柔软的纸巾或干布擦干。
2. 不能接触酸性或碱性液体。
3. 保证电量充足，长期不使用要定时充电。

思维拓展

一、知识链接

请扫码学习《对讲机实战应用视频》。

二、随堂习题

1. 如何对对讲机进行检查和维护？
2. 对讲机通信工作中应使用规范用语是哪些？
3. 对讲机通信工作中安全保密有哪些？

能力测评

一、任务书

请以小组为单位,根据情境导入案例进行实战演练。

二、任务分组

区队		组号		指导老师	
组长		学号			
组员	姓名		学号	姓名	学号
任务分工					

警械与武器使用

三、情境考核方案

《对讲机使用》情境考核方案

【考核目标】

在学生熟练掌握对讲机的安全检查和使用技能后，根据情境导入案例进行实战考核，提升学生的实战运用能力。

【考核内容】

1. 考察对讲机的安全检查和维护保养。
2. 考察学生对对讲机的使用规范流程。
3. 考察学生对对讲机的使用规范用语。

《对讲机使用》情境考核评分表

处置小组：　　　　　考核组：　　　　　考核时间：

一级指标	二级指标	学生互评	任课教师	总评
检查（10分）	检查步骤（10分）			
基本操作（40分）	基本操作方法（20分）			
	操作要求（20分）			
安全保密（20分）	保密须知（20分）			
规范操作（30分）	勤务规范（10分）			
	维护保养（20分）			
合计（100分）				

学习任务六　执法记录仪使用

学习目标

知识目标：熟知执法记录仪的基本知识、性能；理解执法记录仪的原理、功能及保养。

能力目标：掌握执法记录仪使用技能后，进行执法现场处置，提升学生的实战运用能力。

素养目标：培养规范良好的佩带执法记录仪习惯和规范使用执法记录仪的素养。

情境导入

情境导入一：2023年2月，某省监狱生产劳动现场，罪犯方某因操作失误将自己的中指切断，现场执勤民警迅速上报指挥中心，开启执法记录仪并对其实施基础包扎后协助特警中队队员一起将该犯送往社会医院救治。

情境导入二：2021年2月，某区人民法院诉讼大厅，一名当事人要求会见院长无果后直接坐到了安检通道口，执勤司法警察立即使用执法音视频记录仪全程录音录像，配合信访工作人员耐心劝解后当事人离开。

基本知识

执法记录仪是集视频、音频采集，高清拍摄于一体的图像采集设备。执法记录仪是人民警察在执法执勤过程中重要的证据采集装备，为执法后期定性提供证据的同时，也很好地保护了人民警察自身利益和执法权益。

一、结构

执法记录仪由摄像头、触摸显示器、功能按键及电池组成。

二、功能

执法记录仪智能终端包括标准 H.264 编码技术、双码流编码、4G/5G 网络传输、视频监控、语音对讲、数据存储、报警上传、地图定位等功能。

图 2-43　执法记录仪

基本技能

一、检查

1. 检查执法记录仪的各项功能键是否能够正常使用。
2. 检查执记录法仪的镜头是否模糊或损坏。
3. 检查执法记录仪是否能正常开机工作，以及电量是否足够。

二、携带与持握

1. 执法记录仪一般佩带在肩章或胸前，根据执法需要也可以直接持握在手上。
2. 单手持握。左手（右手）握住执法记录仪，右手（左手）向前拦挡，镜头对准所需拍摄的地方进行摄像。
3. 双手持握。左手握住右手腕，右手握住执法记录仪，镜头对准所需拍摄的地方进行摄像。

图 2-44　携带与持握

三、基本操作

（一）功能选择

1. 开机和关机。长按电源键约 3 秒后，屏幕亮起表示开机。在开机状态，长按电源键约 3 秒后关机。
2. 功能键。进入待机模式后，可以选择拍照、录音、摄像等功能。按下摄像键，会自动进入摄像状态，再按一下即可停止摄像。按 OK 键，可以进入存储的文件夹内查看。按菜单键，可进行相关设置。
3. 红灯闪烁。当执法记录仪红灯快速闪烁时，表示电池电量不足时，会自动关机，但录制的文件会自动保存。
4. 蓝灯闪烁。当执法记录仪蓝灯快速闪烁时，表示内存卡满，会自动关机，但录制的文件会自动保存。
5. 复位。如非法操作等不能正常工作时，可以按机器复位键进行复位。复位后开机正常使用。

（二）拍摄方法

1. 高位拍摄。左手（右手）握住执法记录仪，将执法仪高高举起进行拍摄。

2. 角度拍摄。左手（右手）握住执法记录仪，根据现场情况执法记录仪采用不同角度进行拍摄所需内容。

图 2-45　拍摄方法

（三）拍摄内容

1. 执法现场环境。

2. 犯罪嫌疑人、被害人、被侵害人和证人等现场人员的体貌特征和言行举止。

3. 重要涉案物品及其主要特征，以及其他可以证明违法犯罪行为的证据。

4. 执法人员现场开具送达法律文书和对有关人员、财物采取措施情况。

5. 其他应当记录的重要内容。

四、注意事项

1. 养成良好的检查和规范携带的习惯。

2. 携带方式视情况而定，无论佩带于胸前或肩章上还是单、双手持握，一定要尽量保持稳固，不要随意晃动镜头。

3. 拍摄时要突出一个"活"字，选准拍摄角度，保证拍摄内容全面、清晰。

4. 执法记录仪在运用时，不要遮挡执法记录仪镜头，同时防止执法对象抢夺。

5. 执法执勤结束后，要及时将仪器连接采集工作站进行视频采集，并将视频资料归档，防止视频外流。

6. 不允许将执法记录仪内的视频文件私自拷贝到私人电脑以及手机中，避免执法视频泄露，严禁将执法视频传入互联网。

五、维护保养

1. 尽量避免淋雨，虽然执法记录仪有防水功能，但不能长时间沾水，一旦被雨淋湿或沾水，要及时用柔软的纸巾或干布擦干。

2. 不能接触酸性或碱性液体。

实战情境

1. 在执行任务或其他执法活动过程中,要注意队友之间相互配合,在确保安全的前提下工作。

2. 对于非紧急状态,现场警力可以控制现场局势的前提下,应合理分工、相互配合,保证执法活动的全过程、高质量采集视音频信息。如两名人民警察执法时,一人携带执法记录仪辅助采集视音频,主要精力放在处警、调查、取证及其他具体执法操作的环节上。另外一名人民警察用弱手持执法记录仪保证视音频采集质量,强手持械或扶械戒备,并关注可能的突发情况。

3. 遇有突发危险情况时,现场状态由非紧急状态转化为紧急状态,人民警察也应迅速转换角色。主要负责采集视音频并承担戒备任务的人民警察应迅速采取有效措施,消除危险。

4. 当现场警力不足以完全控制现场局势时,人民警察在表明身份、明示执法记录仪开始工作的同时,立即请求警力支援。在充分的警力支援到达之前,要在确保安全的前提下,保持安全距离,使用视音频采集并监视现场状况,采取劝阻或警告的方式有效控制现场局势。

思维拓展

一、知识链接

请扫码学习《执法记录仪实战应用视频》。

二、随堂习题

1. 如何对执法记录仪进行检查和维护?
2. 执法记录仪的拍摄方法与拍摄内容有哪些?

三、法律依据

1.《监狱人民警察单警装备使用管理办法》第10条、第11条、第12条、第13条。
2.《人民法院司法警察常用警用装备使用办法(试行)》第19条。

能力测评

一、任务书

请以小组为单位,根据情境导入案例进行实战演练。

二、任务分组

区队		组号		指导老师	
组长		学号			
组员	姓名		学号	姓名	学号
任务分工					

三、情境考核方案

《执法记录仪使用》情境考核方案

【考核目标】

在学生熟练掌握执法记录仪的安全检查和使用技能后,根据情境导入案例进行实战考核,提升学生的实战运用能力,在模拟情境中培养"严谨规范"的职业精神。

【考核内容】

1. 考察执法记录仪的安全检查和维护保养。
2. 考察学生对执法记录仪的拍摄方法与拍摄内容以及使用规范流程。
3. 考察学生在紧急情况使用执法记录仪的技能。

《执法记录仪使用》情境考核评分表

处置小组:　　　　　　考核组:　　　　　　考核时间:

一级指标	二级指标	学生互评	任课教师	总评
携带与持握(20分)	肩章或胸前(10分)			
	单手持握与双手持握(10分)			
基本操作(30分)	操作方法(15分)			
	操作要求(15分)			
拍摄方法与拍摄内容(20分)	高位拍摄、角度拍摄(10分)			
	五种拍摄内容(10分)			
紧急情况使用技能(30分)	协同配合、安全处置(30分)			
合计(100分)				

学习任务七　强光手电使用

学习目标
知识目标：理解并熟知强光手电的性能及基本知识。
能力目标：掌握基础型与战术型强光手电规范使用能力。
素养目标：培养良好的战术素养和行动安全意识。

情境导入
情境导入一：2019 年 11 月，某省监狱生活区域围墙隔离网的警报响起，夜班执勤民警上报指挥中心后，立即赶赴现场，采用强光手电对围墙隔离网周边进行排查。

情境导入二：2021 年 10 月，某县人民法院司法警察大队根据执行指挥中心指令，到某小区地下停车场强制扣押一涉案车辆，到达现场后，执行扣押任务的司法警察发现地下车库部分照明设备因为年久失修已不能正常工作，导致不能有效识别涉案车辆，根据这一情况，司法警察及时打开单警装备中的强光手电，并顺利完成任务。

基本知识

一、种类和功能

强光手电前端带有攻击性棘槽，具有破拆、攻击、干扰、为射击提供照明等功能。

（一）种类

强光手电可分为基础型强光手电和战术型强光手电；基础型强光手电为前置开关，战术型强光手电为尾盖开关。

（二）结构

强光手电由头盖组件、照明按键、爆闪按键、筒身组件、电池、尾盖组件、手绳、调节扣等组成。

图 2-46　强光手电

（三）功能

1. 提供照明，包括爆闪、强光、弱光等不同照明方式。
2. 攻击，强光手电前端带有莲花状攻击头，可用于制服、致痛、破碎物品。
3. 制造干扰，以强光或者爆闪照射执法对象面部可瞬间让其失去视觉。

二、检查与保养

1. 出勤前应当对手电的功能进行检查,确保各功能正常。查看手电主体是否有损坏,光杯或镜片是否有破损;开关是否正常,能否操作及点亮等。

2. 电量检查。执勤前应当对手电的电量进行检查,同时检查电池状态,如是否有漏液、发霉等情况。

3. 若使用充电电池,需定期充电,以保证正常使用效果。

🎯 基本技能

一、佩带与取放

(一)佩带

强光手电头朝下佩带在多功能腰带的快拔套中。

图 2-47 佩带

(二)取放

目视执法对象,弱手扶住强光手电,并向前推取出。回收时,将强光手电嵌入快拔套中。

二、持握方式

(一)常规持握方式

1. 基础型强光手电,一般正向持握强光手电,手臂前伸指向前方。

2. 战术型强光手电,一般反向持握强光手电,用拇指控制开关。

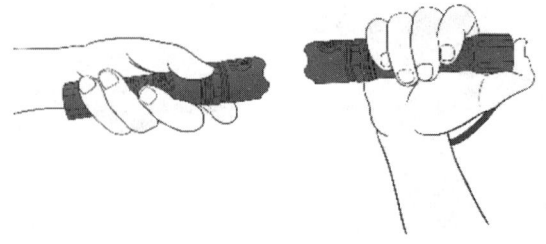

图 2-48 常规持握方式

（二）持枪状态下持强光手电

强手持枪戒备，弱手可采取搭腕式或展臂式持握强光手电。

图 2-49　持枪状态下持强光手电

三、使用方法

（一）基础型强光手电

基础型强光手电的开关位于筒身，可通过操作照明键实现强光点射、强光、弱光模式。

1. 强光点射：待机状态下通过轻触照明键，实现强光点射功能。

2. 强光弱光转换：待机状态下按压照明键，进入强光模式，轻触照明键，应依顺序实现强光→弱光→强光→弱光的模式转换。

3. 强光爆闪：手电在任何状态下（无论是待机、强光、弱光状态下），按压爆闪键，直接进入爆闪模式，再次按压爆闪键，爆闪停止，恢复原工作状态（待机、强光、弱光）。

（二）战术型强光手电

战术型强光手电的开关位于手电尾部，可通过操作照明键实现强光点射、强光、弱光模式。

1. 强光点射：待机状态下通过轻触照明键，实现强光点射功能（轻触亮，松开灭）。

2. 强光弱光转换：待机状态下按压照明键，进入强光模式，通过轻触照明键，应依顺序实现强光→弱光→强光→弱光的模式转换。再次按下照明键，进入待机状态。

3. 强光爆闪：手电在任何状态下（待机、强光、弱光），按压爆闪键，直接进入爆闪模式，再次按压爆闪键，爆闪停止，恢复原工作状态（待机、强光、弱光）。

（三）光照模式

强光手电光照模式主要有三种：常亮、点射和爆闪。这三种基本用光模式如果应用得当，会给执法执勤任务带来巨大的战术优势。

1. 常亮，是将手电保持在照明状态，是应用强光手电的最常见模式。

2. 点射，是将手电需要用手指刻意按住开关才能照明的状态。这是最为主动和灵活的应用方式，照明时间和方向完全由自己掌握，非常符合主动用光原则。

3. 爆闪，是指快速频闪持续性照射。研究证明，频率在 8～10hz 的爆闪对人体的作用效果最明显。

实战情境

一、攻击

强光手电前端带有莲花状攻击头，可用于反击执法对象的躯干部位造成疼痛，或在紧急情况下用于击破车窗玻璃等。

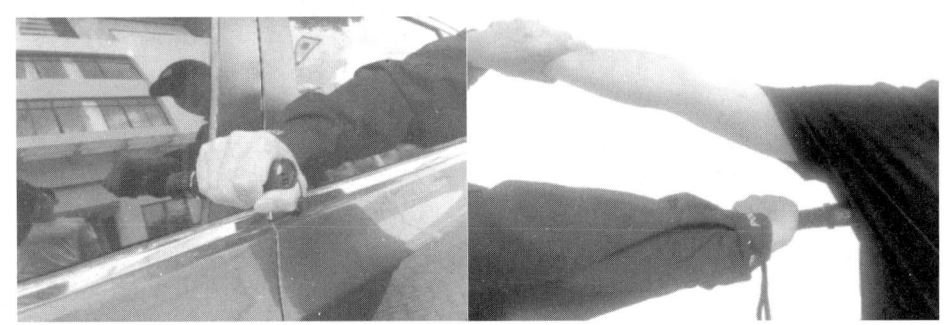

图 2-50　攻击

二、控制

强光手电可作为痛点压制的器械使用。使用时一手抓握强光手电，将手电筒身中部置于执法对象腕关节处，双手拇指锁扣其手腕，同时发力压制桡骨茎突，使其产生痛感。

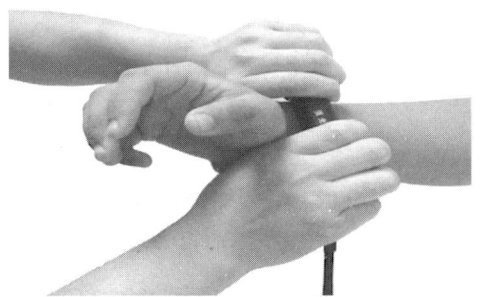

图 2-51　控制

三、爆闪

通过强光手电的爆闪来干扰执法对象的视觉，闪动的光会干扰人眼视细胞工作影响成像，而且闪烁会造成人体不适乃至恶心呕吐，相对常亮爆闪会令人产生压力，从而更容易引发焦虑。

思维拓展

一、知识链接

请扫码学习《强光手电实战应用视频》。

二、随堂习题

1. 强光手电的结构与功能有哪些?
2. 基础型强光手电与战术型强光手电使用方法有何不同?
3. 强光手电的作用有哪些?

三、法律依据

1. 《监狱人民警察单警装备使用管理办法》第 4 条。
2. 《人民法院司法警察常用警用装备使用办法(试行)》第 11 条。

能力测评

一、任务书
请以小组为单位,根据情境导入案例进行实战演练。

二、任务分组

区队		组号		指导老师	
组长		学号			
组员	姓名	学号	姓名	学号	
任务分工					

三、情境考核方案

《强光手电使用》情境考核方案

【考核目标】

在学生熟练掌握强光手电基本知识和规范使用能力后,根据情境导入案例进行实战考核,以此来提升强光手电的规范使用能力和实战运用能力。

【考核内容】

1. 强光手电的佩带、取放与持握。
2. 强光手电使用方法。
3. 强光手电控制技能。

《强光手电使用》情境考核评分表

处置小组:　　　　　　考核组:　　　　　考核时间:

一级指标	二级指标	学生互评	任课教师	总评
佩带、取放与持握方式(15分)	佩带、取放(5分)			
	持握方式(10分)			
使用方法(40分)	基础型强光手电(20分)			
	战术型强光手电(20分)			
实战应用(45分)	攻击(15分)			
	控制(15分)			
	爆闪(15分)			
合计(100分)				

专题学习三　防暴防护装备使用

思政引领

习近平总书记指出："推进全面依法治国，根本目的是依法保障人民权益。"人民警察来自人民，人民警察为人民，必须以保障人民根本利益为出发点和落脚点，坚守社会公平正义的核心价值追求，在共建共治共享中推进更高水平的平安中国建设，不断增强人民群众获得感、幸福感、安全感。

内容概要

本专题主要对防暴盾牌、防暴钢叉、多功能抓捕器、长警棍、警械组合战术、防刺服、防割手套、警绳、防暴头盔、防毒面具等防暴防护装备的基本知识、基本技能、实战应用进行了较为全面的阐述。培养学生依法、规范、安全、有效地使用防暴防护装备的使用能力和实战技能。

学习任务一　防暴盾牌使用

学习目标

知识目标：熟悉防暴盾牌装备的类型、基本结构性能；掌握防暴盾牌的基本操作及实战应用方法。

能力目标：提高学生实战对抗中的心理承受能力。

素养目标：培养安全防范意识，保持高度警惕，确保自身和人民群众安全。

情景导入

情境导入一：2017年7月，某省监狱生活现场，罪犯于某、贾某在就餐时因插队发生争吵继而相互厮打，事情迅速升级为两个地域罪犯的谩骂和对峙。现场执勤民警因闹事罪犯人数较多难以控制场面，紧急呼叫指挥中心请求支援。特警中队队员携带防暴盾牌等装备，快速到达现场，对场面进行有效控制。

情境导入二：2019年12月，某市中级人民法院司法警察支队依法协助执行局强制执行某案件，在对该案件强制执行过程中，执行法官与司法警察在被执行人居住楼道内遭到了强烈的抵抗，被执行人将屋内玻璃瓶等杂物砸向司法警察，司机警察迅速采用防暴盾牌采取防御措施并突入房内，成功控制被执行人。

基本知识

防暴盾牌是人民警察常用的防御性、驱逐性警械。用于抵御硬物、不明液体以及刀斧等利器的袭击，保护人民警察自身安全。

根据防暴盾牌的结构功能，盾板多为外凸圆弧形或弧面长方形，具有通透性，观察方便。

常见的防暴盾牌有PC类防暴盾牌和金属材质防弹盾牌。本学习任务中主要介绍PC类防暴盾牌的知识内容，包括PC圆盾和PC法式盾牌。

图3-1 防暴盾牌

一、PC圆盾

盾体由外防暴层、内缓冲层组成，能有效吸收80%左右的冲击力。有效抵御各种攻击性冷武器，能防御瞬间汽油燃烧弹所带来的高温灼伤的危险。握把斜角45度，两级螺纹设计便于双手稳固握持，提高操作稳定性。护肘环为弹力设计，可快速脱手保护肘臂安全。

二、PC法式盾牌

PC法式盾牌的盾体采用4.0mm厚PC板制成，PC法式盾牌抗冲击力强且坚固耐用，能抵御除枪炮外的投掷物和尖锐器械、强腐蚀性物品的袭击，防护能力强，安装固定牢靠。PC法式盾牌结合了盾牌、催泪喷射器的功能，是以盾牌为依托喷射催泪剂的技术盾牌。由盾牌、握把、喷射按钮、喷射口等组成。

基本技能

一、PC 圆盾的使用技能

（一）持盾戒备姿势

左手持握握把，自然曲臂置于胸前，左小臂平行地面或呈 45 度斜上，右手可持握警棍戒备；两脚前后自然分开，略与肩同宽，两腿微弯，目视前方，保持安全距离，呈单手持盾戒备。

图 3-2　持盾戒备姿势

（二）防御技术

1. 左挡。右脚蹬地，身体向左拧腰旋转发力，左手持盾迅速护于左侧（上、下）。

图 3-3　左挡

2. 右挡。右脚向左后撤一步，身体迅速向右转体，护于右侧（上、下）。

图 3-4　右挡

专题学习三　防暴防护装备使用

3. 上挡。左小臂迅速上提,肘关节正直朝前,将盾牌护于头部上方。

图 3-5　上挡

4. 下挡。右脚后撤左脚成虚步,同时左手持盾迅速下防。

图 3-6　下挡

PC 圆盾的防御技术

(三) 攻击技术

1. 撞击。后脚蹬地发力,前脚向前,同时持盾用力向前撞击。

图 3-7　撞击

2. 切击。后脚蹬地拧腰转胯向右发力,前脚向前,同时持盾手平行于肩部,向前切击。

图 3-8 切击

3. 勾击。拧腰转胯,前脚蹬地发力,同时持盾手由下向上勾击。

图 3-9 勾击

PC 圆盾的攻击技术

二、PC 法式盾牌的使用技能

（一）持盾戒备姿势

双手胸前平行持握盾牌握把,拳心相对,两肘夹紧,含胸收下颌,身体重心稍前倾,双膝微屈内扣,盾牌上沿略高于头部,将躯干部位都置于盾牌的防护中,盾牌距离身体约 20 厘米,目视前方,保持安全距离,呈双手持盾戒备姿势。

图 3-10　持盾戒备姿势

PC 法式盾牌的持盾戒备姿势

（二）防御技术

1. 格挡防御。盾牌格挡防御，在持盾戒备的基础上，判断执法对象攻击方向，结合步伐，主动向上、下、左、右推挡。

图 3-11　格挡防御

2. 防泼、防投掷。盾牌防泼、防投掷，在持盾戒备的基础上，当执法对象泼洒或投掷危险物品时，将盾牌上举，结合步伐、用盾牌正面抵挡不同方向的攻击，盾牌应重点保护头、面部不受侵害。

图 3-12 防泼、防投掷

3. 盾牌被抓防御。

(1) 当行为人突然抓住盾牌上沿向下拉拽时,应迅速将盾牌向左上(或右上)旋转 90 度,而后猛力推击,摆脱后呈持盾戒备姿势。

图 3-13 盾牌被抓防御

(2) 当行为人抓住盾牌左、右侧向外掰时,应迅速将盾牌朝违法嫌疑人虎口相反方向拉开,而后猛力推击,摆脱后呈持盾戒备姿势。

专题学习三　防暴防护装备使用

图 3-14　盾牌被抓防御

4. 倒地盾牌防御。当持盾遭遇袭击后倒地来不及起身时，应双手持握盾牌，双腿收膝，身体蜷缩，将头部、身体躯干置于盾牌保护之下；当执法对象靠近持械攻击时，以臀部为轴转动，推盾抵挡，伺机蹬踹其膝关节或小腿，趁其后退时，迅速起身，起身时应持握盾牌防护。

图 3-15　倒地盾牌防御

PC 法式盾牌的防御技术

（三）攻击技术

1. 撞击。双手持盾戒备站立，上步的同时，双手合力前推或斜上推，以盾面猛烈撞击执法对象持械手臂或其头面部、身体躯干等部位，撞击后应迅速恢复戒备。

图 3-16　撞击

2. 切击。

（1）下切击：双手持盾戒备站立，双手屈臂上举盾牌，上步下压，以盾牌的下沿切击执法对象的胸、腹部及身体躯干等部位。

（2）侧切击：双手持盾戒备站立，左右推动盾牌，侧转盾面，上步发力，以盾牌的侧沿切击执法对象的胸、腹部及身体躯干、四肢等部位。

图 3-17　切击

3. 压控。双手持盾，当执法对象倒地时，使用盾面迅速对其躯干、面部及危险部位进行重压，使其无法活动；当执法对象立姿时，可以以墙体或其他坚固物体为依托，使用盾面大力顶压其胸腹、面部及危险部位，使其无法活动。采用压控技术时，要充分利用盾面的宽大面积，在压控执法对象的同时，对自身进行有效的隔挡防护，同时注意站位，谨防执法对象进行下肢攻击。

图 3-18　压控

PC 法式盾牌的攻击技术

思维拓展

一、随堂习题

1. 倒地盾牌防御时需要注意些什么？
2. PC 法式盾牌的进攻技能如何发力？

二、法律依据

1.《中华人民共和国人民警察使用警械和武器条例》第 7 条。
2.《人民法院司法警察常用警用装备使用办法（试行）》第 11 条。

警械与武器使用

能力测评

一、任务书

请以小组为单位,根据情境导入案例进行实战演练。

二、任务分组

区队		组号		指导老师	
组长		学号			
组员	姓名	学号	姓名	学号	
任务分工					

三、情境考核方案

《防暴盾牌使用》情境考核方案

【考核目标】

在学生熟练掌握使用防暴盾牌装备的使用技能后，根据情境导入案例进行实战考核，提升学生的实战运用能力，在模拟情境中培养"特别能战斗"的职业精神。

【考核内容】

1. 全面考察防暴盾牌装备使用规范流程。
2. 考察学生对防暴盾牌装备使用的时机把握。
3. 考察防暴盾牌装备使用规范性。
4. 考察防暴盾牌装备实战处置技能的掌握程度。

《防暴盾牌使用》情境考核评分表

处置小组：　　　　　考核组：　　　　　考核时间：

一级指标	二级指标	学生互评	任课教师	总评
防暴盾牌戒备（20分）	PC 圆盾（10分）			
	PC 法式盾牌（10分）			
防暴盾牌防御技术（40分）	PC 圆盾（20分）			
	PC 法式盾牌（20分）			
防暴盾牌攻击技术（40分）	PC 圆盾（20分）			
	PC 法式盾牌（20分）			
合计（100分）				

学习任务二　防暴钢叉、多功能抓捕器使用

🎯 学习目标

知识目标：熟悉防暴钢叉和多功能抓捕器结构原理以及基本使用方法。

能力目标：提高使用防暴钢叉、多功能抓捕器应对突发事件的处置能力和有效控制执法对象的能力。

素养目标：培养具备一定的实战运用能力，培养过硬的意志品质和执法安全意识。

🎯 情境导入

情境导入一：2017年3月，某省监狱会见中心门口，一名刑满释放人员周某来会见原同案犯时，被登记窗口值班民警拒绝，随后与值班民警发生争执，周某拿起椅子猛烈砸击登记窗口玻璃，值班民警立即使用防暴钢叉和多功能抓捕器将周某成功控制，并移到辖区公安。

情境导入二：2022年1月，某区人民法院诉讼服务大厅门口，一名案件当事人，情绪激动欲持械伤害司法工作人员，值班司法警察发现后，及时通知处突警组，处突警组司法警察使用防暴钢叉、多功能抓捕器等成功将其控制，并移送公安机关处置。

🎯 基本知识

一、防暴钢叉

防暴钢叉是一种对执法对象实施束缚或控制的叉型警用器械，由U型叉头、叉杆（含持握、连接部位）及控制部件组成。由高强度不锈钢材质制成，可伸缩使用方便灵活，最短1米左右，最长可伸展至2米左右。

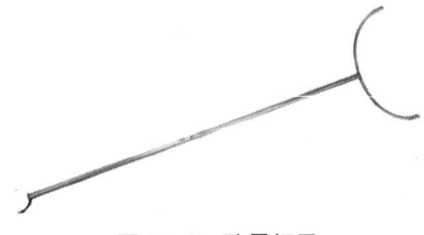

图3-19　防暴钢叉

二、多功能抓捕器

多功能抓捕器是一种对执法对象的手臂和腿部等部位快速实施锁定或抓捕的警用器械，由座架、活动月牙环、联动滑块、开关、手持握杆等组成，由高强度不锈钢材质制成，可伸缩使用方便灵活，长短可以在1.25~1.98米之间调节。

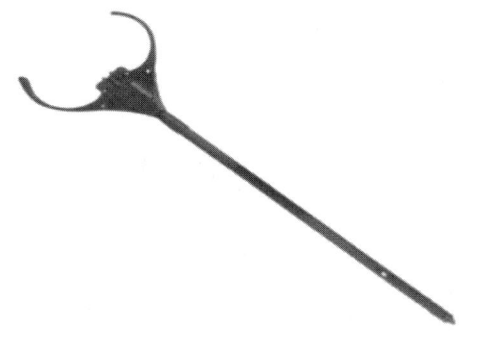

图 3-20　多功能抓捕器

基本技能

一、防暴钢叉基本技能

（一）戒备姿势

左手（前手）抓握叉杆中间靠后部位，右手（后手）持握钢叉底部握把，两脚前后自然分开，略与肩同宽，两腿微弯，叉头成横型上抬45度目视前方，呈持叉戒备姿势。

图 3-21　戒备姿势

（二）步法移动

1. 前进步。在持钢叉戒备式的基础上，前脚向前上步的同时，后脚随之跟进（或右脚用力蹬地向前的同时，左脚掌心微贴地面向前跨步，右脚向前跟步），前脚上步多少，后脚跟进多少，并始终保持身体重心的稳定。

2. 后退步。在持钢叉戒备式的基础上，后脚向后退步的同时，前脚随之向后撤，后脚退步多少，前脚后撤多少，并始终保持身体重心的稳定。

3. 左（右）移步。在持钢叉姿戒备式的基础上，向左侧移动时左脚先动，右脚跟进；向右侧移动时右脚先动，左脚跟进，并始终保持重心落于两腿之间，保持身体重心稳定。

二、多功能抓捕器基本技能

（一）戒备姿势

左手抓握叉杆中间靠后部位，右手持握抓捕器底部握把，两脚前后自然分开，略与肩同宽，两腿微弯，叉头成横型，目视前方，呈持戒备姿势。

图 3-22　戒备姿势

（二）步法移动

1. 前进步。在戒备式的基础上，前脚向前上步的同时，后脚随之跟进（或右脚用力蹬地向前的同时，左脚掌心微贴地面向前跨步，右脚向前跟步），前脚上步多少，后脚跟进多少，并始终保持身体重心的稳定。

2. 后退步。在戒备式的基础上，后脚向后退步的同时，前脚随之向后撤，后脚退步多少，前脚后撤多少，并始终保持身体重心的稳定。

3. 左（右）移步。在戒备式的基础上，向左侧移动时左脚先动，右脚跟进；向右侧移动时右脚先动，左脚跟进，并始终保持重心落于两腿之间，保持身体重心稳定。

（三）使用方法

1. 持握抓捕器，按下开关，当月牙环处于最大开启距离时放松开关，即可控制处置对象。

2. 将抓捕器推向违法行为人的腿部或其他合适部位时，抓捕器的联动滑块受力后月牙环即会自动闭合，从而束缚住处置对象。

3. 当违法行为人被控制后，按下开关，开启月牙环，取下抓捕器。

实战情境

一、防暴钢叉实战技术

（一）上步推颈

在持叉实战姿势基础上，当执法对象手持刀械欲向人民警察砍击时，应迅速右脚进步，左脚滑步跟进的同时双手紧握防暴钢叉，利用 U 型叉头猛力对执法对象的颈部进行推击。

图 3-23　上步推颈

（二）推顶胸部

在持叉实战姿势基础上，当执法对象手持刀械欲向人民警察砍击时，迅速右脚进步，左脚滑步跟进的同时双手紧握防暴钢叉，利用 U 型叉头猛力对执法对象的胸部进行推击后，再用力向前顶。

图 3-24　推顶胸部

（三）顶击后膝

当执法对象持刀械欲向第三人砍击时，人民警察迅速绕到对方后侧，在持叉实战姿势基础上右脚进步，左脚滑步跟进的同时双手紧握防暴钢叉，利用 U 型叉头猛力对执法对象的后膝盖进行推击后顶至膝盖跪地为止。

图 3-25　顶击后膝

防暴钢叉实战技术

二、多功能抓捕器实战技术

（一）锁臂控制

当执法对象持械（刀）砍击时，人民警察迅速用多功能抓捕器前段月牙处用力迎挡其持械手腕，使多功能抓捕器接触其手臂形成闭合，迅速向前拖拽，使其重心失控倒地，另一名人民警察迅速踩住或踢掉刀械，将其控制后上铐。

图 3-26　锁臂控制

（二）锁腿（踝）控制

当执法对象持械（刀）砍击时，人民警察迅速用多功能抓捕器前段月牙处用力迎挡其左、右腿（踝）部，使多功能抓捕器接触其腿（踝）形成闭合，而后顺势向前拖拽或向后推击，使执法对象重心失控倒地，另一名人民警察迅速踩住或踢掉刀械，将其控制后上铐。

图 3-27　锁腿（踝）控制

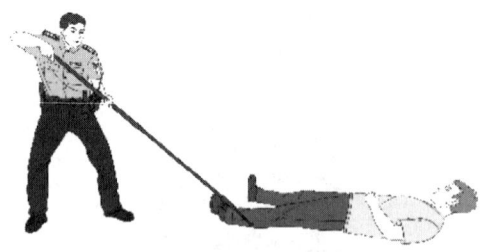

图 3-28　锁腿（踝）控制

（三）追逃锁踝技术

当执法对象持械逃跑时，一名人民警察追击同时迅速用抓捕器前段月牙处用力抵挡执法对象腿部（脚踝），使抓捕器接触形成闭合，而后用力向后拖拽，使执法对象倒地，另一名人民警察迅速踩住或踢掉刀械，将其控制后上铐。

图 3-29　追逃锁踝技术

多功能抓捕器实战技术

三、防暴钢叉与多功能抓捕器配合技术

（一）前后夹击

持钢叉的人民警察位于执法对象正面吸引堵截，持多功能抓捕器人民警察迅速绕至后侧，朝执法对象后踝骨部猛力推击，将踝骨锁住后，进行拧别并向后拉带，使其失去重心倒地后，持钢叉迅速向前猛压执法对象腰背部，同时踩住或踢掉刀械。

前后夹击

（二）正面配合

持钢叉的人民警察正面截击在执法对象颈腋部，持多功能抓捕器人民警察朝其的前踝骨部猛力推击，锁住后，进行拧别并向前拖带，使其失去重心倒地，持钢叉人民警察迅速向前猛压执法对象颈胸部位，命令执法对象将凶器扔掉。

正面配合

思维拓展

一、随堂练习

1. 防暴钢叉和多功能抓捕器的常用的戒备式与步法有哪些？
2. 防暴钢叉与多功能抓捕器实战应用中进攻技术有哪些？

二、法律依据

1. 《中华人民共和国人民警察使用警械和武器条例》第 7 条。
2. 《人民法院司法警察常用警用装备使用办法（试行）》第 11 条。

能力测评

一、任务书
请以小组为单位,根据情境导入案例进行实战演练。

二、任务分组

区队		组号		指导老师	
组长		学号			
组员	姓名	学号	姓名	学号	
任务分工					

三、情境考核方案

《防暴钢叉、多功能抓捕器使用》情境考核方案

【考核目标】

在学生熟练掌握防暴钢叉、多功能抓捕器的使用技能后，根据情境导入案例进行实战考核，提升学生的实战运用能力。

【考核内容】

1. 全面考察防暴钢叉、多功能抓捕器使用规范流程。
2. 考察学生对防暴钢叉、多功能抓捕器使用的时机把握。
3. 考察防暴钢叉、多功能抓捕器使用规范性。
4. 考察防暴钢叉、多功能抓捕器使用实战处置技能的掌握程度。

《防暴钢叉、多功能抓捕器使用》情境考核评分表

处置小组：　　　　　　　考核组：　　　　　　　考核时间：

一级指标	二级指标	学生互评	任课教师	总评
防暴钢叉、多功能抓捕器基本技能（20分）	防暴钢叉、多功能抓捕器装备戒备姿势与步法移动（20分）			
防暴钢叉、多功能抓捕器实战技术（40分）	防暴钢叉实战技术（20分）			
	多功能抓捕器实战技术（20分）			
防暴钢叉与多功能抓捕器配合技术（40分）	前后夹击（20分）			
	正面配合（20分）			
合计（100分）				

学习任务三　长警棍使用

学习目标

知识目标：熟悉长警棍的使用的基本常识。

能力目标：掌握长警棍的使用基本技能和实战对抗。

素养目标：培养在实战中保护自身安全和增强应对突发事件处置的能力。

情境导入

情境导入一：2018年10月，某省监狱生产劳动现场，罪犯苏某因无法完成劳动任务，故掀翻缝纫机并举起凳子猛砸缝纫机发泄情绪，现场执勤民警迅速取出长警棍，经警告无效，果断使用长警棍劈击技术将凳子打落并控制住苏某。

情境导入二：2020年4月，某市中级人民法院大门口，某案件当事人持刀扬言要报复某法官，并企图冲击法院，值班司法警察接到警情后迅速组织应急警组使用盾牌、长警棍将该名执法对象控制住。

基本知识

长警棍具有击打力度大、攻击距离长、控制距离长的优势，主要有以下技术参数：

图3-30　长警棍

长警棍性能参数

项目	参数
长度	1600mm
直径	32mm
重量	1.3kg

续表

项目	参数
材质	橡胶、工程塑料
抗拉性能	在 2000N 拉力作用下,棍体不出现裂纹或断裂
抗击打性能	在连续击打 2000 次后,棍体不出现裂纹或断裂
温度适应性	−30℃ ~ +55℃
阻燃性能	≤5S

基本技能

一、戒备姿势

（一）高姿戒备

动作要领：侧身戒备姿势站立，双手持棍，左手（前手）握住棍的中段（偏上部位）在前，右手（后手）握住棍尾端在后（右手握把距棍尾端一拳为佳）。身体重心略向后移动，右脚（后脚）向右后撤一步距离屈膝，成半马步站立，目视前方，棍头指向执法对象。

图 3-31 高姿戒备

（二）低姿戒备

动作要领：侧身戒备姿势站立，双手持棍，左手（前手）握住棍中段在下，右手（后手）握住棍尾端在上，身体重心略后移动，右脚（后脚）向右后撤一步距离屈膝，成半马站立，目视前方，棍头指向地面。

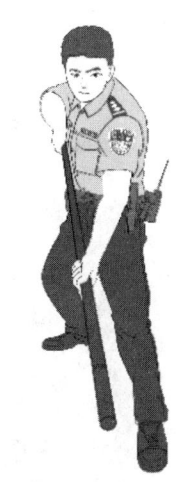

图 3-32　低姿戒备

二、步法

（一）前进步

在持长警棍高姿或低姿戒备的基础上，前脚向前上步的同时，后腿随之跟进（或右脚用力蹬地向前的同时，左脚掌心微贴地面向前跨步，右脚向前跟步），前脚上步多少，后脚跟进多少，并始终保持身体重心的稳定。

（二）左（右）移步

在高姿或低姿戒备的基础上，向左侧移动时左脚先动，右脚跟进；向右侧移动时右脚先动，左脚跟进，始终保持重心落于两腿之间，并保持身体重心稳定。

（三）后退步

在持长警棍高姿或低姿戒备的基础上，后脚向后退步的同时，前脚随之向后撤。后脚退步多少，前脚后撤多少，并始终保持身体重心的稳定。

戒备姿势与步法

三、攻击技术

（一）劈击

1. 在高姿戒备的基础上（以右手为强手为例），左手持长警棍微向后收，右手持棍微向下伸，腰部微向左后旋转，继而左手持棍前压、右手上提腰部微向右后旋转发力，形成合力使棍头从上向下击打执法对象手臂、头部及颈部，击打后迅速回棍，保持重心稳定，呈戒备姿势。

警械与武器使用

图 3-33　劈击 1

2. 在低姿戒备的基础上（或高姿戒备持棍回收下拉），以左手虎口为轴心，右手为动力，引棍由后向前挥棍，原地或右前跨步时压胯转腰，斜向或正向劈击执法对象手臂、头部及颈部，击打后迅速回棍，保持重心稳定，呈戒备姿势。

图 3-34　劈击 2

（二）戳击

在高姿戒备的基础上（以右手为强手为例），以左手下压、右手上提，使棍头水平朝前。左手微微握紧棍体，以左手为固定点，右手推棍向前运动，右脚略向前跟步，戳击执法对象腹部。击打后迅速回棍，呈戒备姿势。

图 3-35 戳击

（三）扫击

持长警棍低姿或高姿戒备站立，持棍回收下拉，原地或右前跨步时压胯转腰侧向扫棍，扫击执法对象的大、小腿或者脚踝部，击打后迅速回棍，呈戒备姿势。

图 3-36 扫击

攻击技术

四、实战要点

1. 要利用长警棍的棍身长度制造安全距离，便于快速拦截及打击执法对象，同时给执法对象施加强烈的压迫感，起到震慑效果。

2. 要利用棍身靠近身体，提前做好攻击准备，以便移动和选择合适角度进行击打。

3. 要利用长警棍的棍身长度，实施远距离干扰性及防御性打击，避免近身发生危险。

4. 低姿戒备时，利用长警棍的棍身长度及棍前端下置的隐蔽性，实施对执法对象低位的远距离突然打击，有效性较高，同时，也为第二次打击创造条件。

思维拓展

一、随堂练习

1. 长警棍常用的攻击技术有哪些？
2. 长警棍劈击技术的动作要领有哪些？

二、法律依据

1. 《中华人民共和国人民警察使用警械和武器条例》第 7 条。
2. 《人民法院司法警察常用警用装备使用办法（试行）》第 11 条。

能力测评

一、任务书

请以小组为单位,根据情境导入案例进行实战演练。

二、任务分组

区队		组号		指导老师	
组长		学号			
组员	姓名	学号	姓名	学号	
任务分工					

三、情境考核方案

《长警棍使用》情境考核方案

【考核目标】

在学生熟练掌握长警棍的使用技能后，根据情境导入案例进行实战考核，提升学生的实战运用能力。

【考核内容】

1. 考察学生长警棍劈击技术。
2. 考察学生长警棍戳击技术。
3. 考察学生长警棍扫击技术。

《长警棍使用》情境考核评分表

处置小组：　　　　考核组：　　　　考核时间：

一级指标	二级指标	学生互评	任课教师	总评
戒备姿势（10分）	高姿戒备（5分）			
	低姿戒备（5分）			
步法（30分）	前进步（10分）			
	左（右）移步（10分）			
	后退步（10分）			
攻击技术（60分）	劈击（20分）			
	戳击（20分）			
	扫击（20分）			
合计（100分）				

学习任务四　警械组合战术应用

学习目标

知识目标：熟悉防暴盾牌、防暴钢叉（多功能抓捕器）、长警棍等警械组合使用基本知识，具备常用警械组合使用的基本技能。

能力目标：掌握具备对处置现场中警械组合使用时机判明的能力，培养协同配合的能力。

素养目标：培养安全执法意识和相互协同、相互配合的实战能力。

情境导入

情境导入一：2017年3月，某省监狱会见中心门口，一名刑满释放人员周某来会见原同案犯时，被登记窗口值班民警拒绝，随后与值班民警发生争执，周某拿起椅子猛烈砸击登记窗口玻璃，值班民警立即使用防暴钢叉和多功能抓捕器将周某成功控制，并移到辖区公安。

情境导入二：2020年4月，某市中级人民法院大门口，一名案件当事人持刀扬言要报复某法官，并企图冲击法院，值班司法警察接到警情后迅速组织应急警组使用盾牌、防暴钢叉、长警棍等警械将执法对象控制。

实战技能

一、犄角式处置战术

（一）战术适用

犄角式处置站术一般适用于空间较小、靠近墙体、车辆等有依靠物的环境。

（二）战术站位与战法

1. 防暴盾牌与长警棍组合。1号警察持防暴盾牌位于执法对象的右前方，2号警察持长警棍位于其左前方，两名警察战斗小组呈犄角之势站位。进攻时，1号警察使用防暴盾牌的防守、撞击、切击等技术主动出击，2号警察使用长警棍的劈击、挑击、戳击等技术，同时从两侧分别对其进行压制、打击。二人要协调配合，灵活运用技战术方法，使其难以左右兼顾，合力控制将其制服。

图3-37　防暴盾牌与长警棍组合

2. 防暴盾牌与伸缩警棍组合。1号警察持防暴盾牌位于执法对象的右前方，2号警察持伸缩警棍位于其左前方，两名警察战斗小组呈犄角之势站位。进攻时，1号警察使用防暴盾牌的防守、撞击、切击等技术主动出击，2号警察使用伸缩警棍的劈击、挑击等技术，同时从两侧分别对其进行压制、打击。二人要协调配合，灵活运用技战术方法，使其难以左右兼顾，合力控制将其制服。

图 3-38　防暴盾牌与伸缩警棍组合

3. 防暴盾牌与防暴钢叉组合技术。1号警察持盾位于执法对象的右前方，2号警察持防暴钢叉位于其左前方，两名警察战斗小组呈犄角之势站位。进攻时，1号警察使用防暴盾牌的防守、撞击、切击等技术主动出击，2号警察持防暴钢叉使用推击技术，对其持械手臂、小腿或身体躯干等位置实施击打，伺机将其推顶至背靠墙壁、物体等位置，合力将其击倒后实施控制。

图 3-39　防暴盾牌与防暴钢叉组合技术

犄角式处置战术

二、对角式处置战术

（一）战术适用

对角式处置站术适于较为狭窄长的空间，如楼道。

（二）战术站位与战法

1. 防暴盾牌和多功能抓捕器组合技术。1号警察手持防暴盾牌，2号警察手持多功能抓捕器，以执法对象为中心，1号警察站于其正前方（后方），2号警察站于其后方（正前方），1号2号警察始终成对角线运动，将执法对象控制在中间使其首尾难顾、顾此失彼，1号警察用语言大声控制吸引执法对象的注意力，2号警察迅速抓住战机、伺机行动，果断精准使用多功能抓捕器对其脚踝控制，猛力后拽，使其失去重心倒地，1号警察迅速利用防暴盾牌推击对其实施压制，夺下凶器后，将其控制，并约束搜身带离现场。

图 3-40　防暴盾牌和多功能抓捕器组合技术

2. 防暴盾牌和防暴钢叉组合技术。1号警察手持防暴盾牌，2号警察手持防暴钢叉，以执法对象为中心，1号警察站于执法对象的正前方（后方），2号警察站于执法对象的后方（正前方），1号2号警察始终成对角线运动，将其控制在中间使其首尾难顾、顾此失彼。1号警察利用防暴盾牌撞击和语言吸引其注意力，2号警察迅速抓住战机，果断精准使用防暴钢叉推击其膝关节后侧，使其重心失控倒地，1号警察迅速利用防暴盾牌推击对其压制，夺下凶器后，将其控制，并约束搜身带离现场。

图 3-41　防暴盾牌和防暴钢叉组合技术

对角式处置战术

三、三角利箭式处置战术

（一）战术适用

三角利箭式处置战术适用于较为空旷场地且靠近墙体依靠物等环境，如机关大门前厅。

（二）战术站位与战法

防暴盾牌、长警棍和多功能抓捕器组合技术：1号警察持盾戒备、2号警察持多功能抓捕器戒备、3号警察持长警棍戒备，三人可采取三角利箭式站位，1号警察持盾居中，2号、3号警察分别持棍、多功能抓捕器位于1号警察两侧后方位置，站位相对紧凑，形成戒备，三人同进同退，盾牌手撞击时，持棍手戳击袭扰，持多功能抓捕器手推顶执法对象小腿或膝关节，锁控后，向后拖拽，使其倒地，三人合力将其控制。

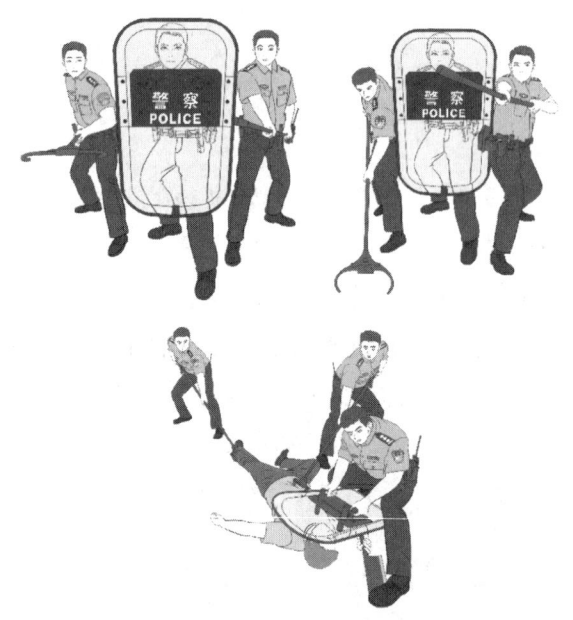

图 3-42 防暴盾牌、长警棍和多功能抓捕器组合技术

三角利箭式处置战术

四、三角围控式处置战术

（一）战术适用

三角围控式处置战术适用于场地大而空旷、开阔无墙体依托的环境，如机关大门口。

（二）战术站位与战法

防暴盾牌、长警棍和多功能抓捕器组合技术：1号警察持盾戒备、2号警察持多功能抓捕器戒备、3号警察持长警棍戒备，三人可采取三角围控式站位。1号警察持盾与执法对象正面应对，2号3号警察分别持棍、多功能抓捕器对其形成合围之势，三人同进同退，盾牌手撞击时，持棍手戳击袭扰，持多功能抓捕器手推顶其小腿或膝关节，锁控后，向后拖拽，使其倒地，三人合力将其控制。

图 3-43 防暴盾牌、长警棍和多功能抓捕器组合技术

三角围控式处置战术

思维拓展

一、随堂练习

1. 犄角式处置战术可应用于哪些场景？
2. 对角式处置战术适用在什么场景下？

3. 三角利箭式处置战术适用在什么场景下？
4. 三角围控处置战术适用在什么场景下？

二、法律依据

1. 《中华人民共和国人民警察使用警械和武器条例》第 7 条。
2. 《人民法院司法警察常用警用装备使用办法（试行）》第 11 条。

能力测评

一、任务书

请以小组为单位,根据情境导入案例进行实战演练。

二、任务分组

区队		组号		指导老师	
组长		学号			
组员	姓名		学号	姓名	学号
任务分工					

三、情境考核方案

《警械组合战术应用》情境考核方案

【考核目标】

在学生熟练掌握防暴钢叉、多功能抓捕器、长警棍等警械的使用技能后,根据情境导入案例进行实战考核,提升学生的实战运用能力。

【考核内容】

1. 考察警械组合战术应用的时机把握和战术配合能力。
2. 考察学生对犄角式处置战术的实战应用能力。
3. 考察学生对对角式处置战术的实战应用能力。
4. 考察学生三角利箭式处置战术的实战应用能力。
5. 考察学生三角围控式处置战术的实战应用能力。

《警械组合战术应用》情境考核评分表

处置小组:　　　　　考核组:　　　　　考核时间:

一级指标	二级指标	学生互评	任课教师	总评
犄角式处置战术(25分)	警械组合战术应用(25分)			
对角式处置战术(25分)	警械组合战术应用(25分)			
三角利箭式处置战术(25分)	警械组合战术应用(25分)			
三角围控式处置战术(25分)	警械组合战术应用(25分)			
合计(100分)				

学习任务五　防刺服、防割手套使用

🎯 学习目标

知识目标：熟悉防刺服、防割手套警用装备的性能及基本知识。

能力目标：掌握防刺服、防割手套的使用技能。

素养目标：培养依法、安全、有效使用防刺服、防割手套的能力。

🎯 情境导入

情境导入一：2018 年 5 月，某省监狱生产劳动现场，罪犯杨某突发精神疾病，砸碎窗户玻璃后持握碎玻璃对其他罪犯进行恐吓，现场执勤民警赶到现场时，杨某以碎玻璃为凶器与民警对峙，并不时以划割自身的方式自残，增援民警立即穿戴好防刺服、防割手套进入现场进行处置，一名民警以劝告安慰做掩护，身着防护装备的民警趁机控制住杨某持握玻璃的手臂，现场民警合力将其安全控制。

情境导入二：2019 年 10 月，某区人民法院大门口，一名当事人携带菜刀并砍伤自己头部，司法警察接警后迅速穿戴防刺服、戴防割手套到达现场，按处置预案行动，设置警戒区域、沟通劝解、分工协作，其中一名司法警察抓住战机，伺机夺刀，其他人员迅速将其控制，搜身后，迅速止血、包扎，协助相关人员送医救治。

🎯 基本知识

一、防刺服

防刺服是一种能有效防护锐器、利器对防护部位的攻击，减少受到刺伤威胁的一种防护装备。常见有纤维材料的软质防刺服和金属材质的硬质防刺服。本学习任务中主要介绍金属材质的硬质防刺服。

图 3-44　防刺服

防刺服性能参数

基本参数		性能特点
材质	铝合金	该款防刺服由芯片为 2mm 厚的 2A12 铝合金鳞片铆接而成，防刺层外罩为 PVC 涂层涤纶牛津布，具有防水、防紫外线、耐磨等特点。穿着灵活，易于穿脱，穿着后两臂能自由运动且人体跪、跳、蹲、跑、俯仰、转体等动作不受限制；前后附有插板袋，可插入插板，提高防御等级
产品重量	3kg	
防护面积	≥0.3m2	
执行标准	符合《公安单警装备—防刺服（金属）制造与验收规范（试行）》	

防刺服

二、防割手套

防割手套是用于防止伤害性攻击的装备，具有良好的超弹性能，持久的抗弯曲和耐磨性能，能有效抵御各种刀具对手部的割、划，对人民警察的手部起到保护作用。

图 3-45　防割手套

防割手套性能参数

基本参数		性能特点	注意事项
材质	采用超高分子量聚乙烯纤维内裹金属不锈钢丝的包覆纱作为表层和涤纶低弹丝作为里层编织而成	防割手套具备防切割、耐磨、耐酸碱、防静电的特点，具有抗弯曲、抗切割、无毒等性能，在使用中易于戴、脱，透气，触感好，手感好，不影响关节弯曲	1. 防割手套不防刺。 2. 防割手套可在高温下使用，但应避免明火。 3. 使用完毕后，整理平整放入包装袋内保存。 4. 手套在使用中受到刀具切割损伤时应及时更换。 5. 手套可洗涤，洗涤时使用普通洗涤剂即可。
产品重量	100g		
执行标准	《公安单警装备—防割手套制造与验收规范》		

🎯 基本技能

一、防刺服使用方法

1. 穿着防刺服时，先解开其两侧的腰带，套头穿上。
2. 调节左、右腰部尼龙搭扣至松紧适中。
3. 调节肩部尼龙搭扣领口与锁骨贴合。
4. 卸下时，先解脱腰部两侧调节带，然后解开一侧肩部调节带，即可由头部脱下。

二、防割手套使用方法

（一）单手抓握

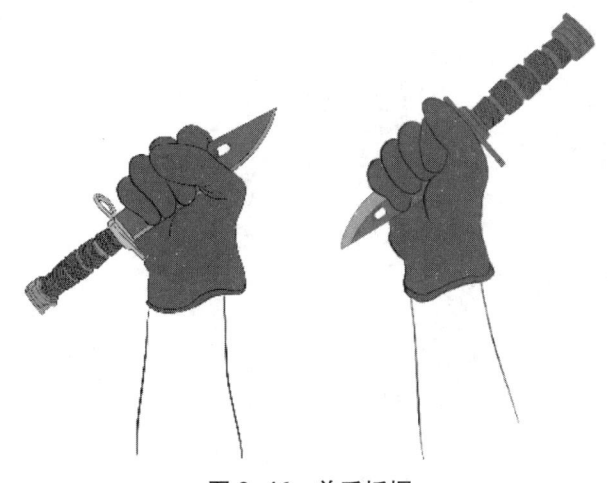

图 3-46　单手抓握

（二）双手抓握

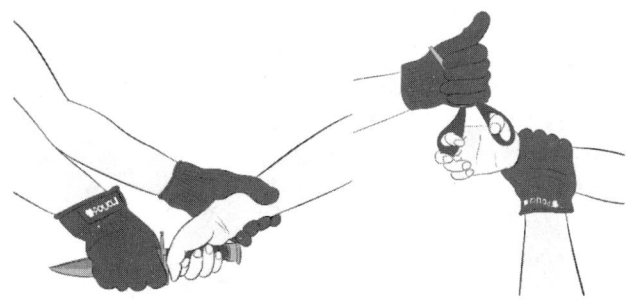

图 3-47　双手抓握

（三）注意事项

1. 要选用合适尺寸的防割手套，按照穿戴生活手套的方法穿戴。手套太紧，限制手指活动范围；手套太松，使用不灵活，而且容易脱落。
2. 在执法执勤中可直接抓握执法对象的刀具等锋利物品。
3. 防割手套使用完毕后一定要注意粘附在上面的锋利物品或有害物质，防止自身皮肤受伤或造成二次污染。

防割手套

思维拓展

一、知识链接

请扫码学习《防刺服、防割手套实战应用视频》。

二、随堂习题

1. 防刺服装备佩带方式及使用方法是什么?
2. 防割手套使用方法及应用技术是什么?

能力测评

一、任务书

请以小组为单位,根据情境导入案例进行实战演练。

二、任务分组

区队		组号		指导老师	
组长		学号			
组员	姓名		学号	姓名	学号
任务分工					

三、情境考核方案

《防刺服、防割手套使用》情境考核方案

【考核目标】

在学生熟练掌握使用防刺服、防割手套的使用技能后，根据情境导入案例进行实战考核，提升学生的实战运用能力。

【考核内容】

1. 全面考察防刺服使用规范流程。
2. 考察学生对防割手套使用的时机把握。

《防刺服、防割手套使用》情境考核评分表

处置小组：　　　　　考核组：　　　　　考核时间：

一级指标	二级指标	学生互评	任课教师	总评
防刺服、防割手套性能参数（20分）	防刺服（10分）			
	防割手套（10分）			
防刺服使用方法（40分）	速度（20分）			
	规范（20分）			
防割手套使用方法（40分）	单手抓握（20分）			
	双手抓握（20分）			
合计（100分）				

学习任务六　警绳使用

学习目标

知识目标：理解警绳使用的基本知识。
能力目标：掌握警绳使用的基本方法。
素养目标：培养安全防范意识，保持高度警惕意识。

情境导入

情境导入一：2017年2月，某省监狱罪犯方某因病需要离监就诊，在社会医院就医时，主治医师建议方某进行核磁共振检查，要卸下手铐脚镣，考虑到解下手铐脚镣会有安全隐患，现场押解民警改为使用警绳对方某进行临时约束，方某在警绳牵制约束下安全顺利的完成了检查。

情境导入二：2019年7月，某区人民法院接到上级法院调警，需将异地关押的被告人长途押解至当地中级人民法院开庭，因该案案情重大，为防止被告人自残、自伤、逃脱等紧急情况发生，随即决定对其使用警绳（腰手绳）进行长途押解。

基本知识

警绳是人民警察在抓捕逃犯和押解罪犯（犯罪嫌疑人）等警务活动中使用的专门警械。

警绳分为长、短两种：一种是长警绳，长约5.5米，直径约0.5厘米；另一种为短警绳，长约1.5米，直径约0.5厘米。

图 3-48　警绳

警绳性能参数

项目	参数
包装	尼龙绳包
结构与外观要求	警绳绳体由聚丙烯包覆 4 根包芯绳编织而成。警绳外观应整洁、标志清晰、无划伤、无严重起毛起球等缺陷，整根警绳绳体不应有拼接，缝制部位应牢固可靠
标志要求	警绳绳体应作适当的标志，标志内容清晰不易擦除，标志应包含以下内容：①产品名称及型号；②承制单位；③注意事项
尺寸要求	警绳长度应≥5120mm，直径应≥8.7mm
材料要求	警绳应无异味，不应含有危害人体健康的成分
总重量要求	警绳的总重量（含包装）应≤150g
性能要求	警绳承受拉力应≥500N
携带方法	将绳折半挂于食指上，拇指和小指张开，余绳牵至小指套挂，再斜挂于提指上形成 8 字形，来回重叠缠绕至全绳的 1/3 处，将绳取下握住，从另一端抽挂于食指上的半轮，使之两端长于其余之半轮，余绳再从挂于食指之半轮一端缠绕，缠绕毕，以末端之绳折一半轮，穿入长套内，从一端抽紧即成。使用时抽出半轮即解

基本技能

一、基本要求

1. 捆绑前，应先实施有效的控制。
2. 捆绑时，应特别注意捆绑对象的反应，谨防反抗。
3. 动作要熟练、迅速，捆绑要牢固结实，防止挣脱。
4. 对颈部、手指的捆绑应松紧适度，不宜过紧。

二、警绳术语

蛇口：警绳一端固定之小圈。

半轮：将绳折半形成之轮。

单结：一扣之结。

捕轮：穿入蛇口形成之轮。

引轮：即活扣。

活轮：即活套。

难结：固定性较强之结。

死结：即死扣。

实战情景

一、押解绳

将绳折半,在折半之端打一单结,令捆绑对象跪下,或两脚分开站立,人民警察位于其身后,将单结放于其颈后,两绳分开由胸前交叉,在其两大臂上缠绕两圈,余绳从内圈穿过成活轮抽紧;再将两绳交叉穿过活轮在背后打一单结,余绳穿入单结孔抽紧打一引轮即成。

押解绳

二、手腕绳

将绳子一头打一个难结套进捆绑对象右手腕,在难结处打一个单节,把长的一头绳子从后侧拉到左手腕处打一个难结套进,在难结处打一个单节,再把绳子从前面拉到右手腕处的另一个绳头打上死结。

手腕绳

三、腰手绳

将绳折半,令捆绑对象两脚分开站立,人民警察位于其身后,在折半之端作一活轮套住其右手腕上抽紧打一难结,余绳穿过难结孔;在绳内35厘米处作一活轮由后绕过套在捆绑对象左手腕上抽紧打一难结,再将绳由前绕过在其右手腕上缠绕两圈打一死结即成,余绳放于捆绑对象裤兜内,令其双手插入裤兜。

腰手绳

思维拓展

一、知识链接

请扫码学习《警绳实战应用视频》。

二、随堂练习

1. 警绳的术语及对应的形式是什么？
2. 警绳捆绑的要求有哪些？

能力测评

一、任务书
请以小组为单位,根据情境导入案例进行实战演练。

二、任务分组

区队		组号		指导老师	
组长		学号			
组员	姓名		学号	姓名	学号
任务分工					

三、情境考核方案

《警绳使用》情境考核方案

【考核目标】

在学生熟练掌握使用警绳的使用技能后,根据情境导入案例进行实战考核,提升学生的实战运用能力。

【考核内容】

1. 考察警绳使用规范流程。
2. 考察警绳实战应用能力的掌握程度。

《警绳使用》情境考核评分表

处置小组:　　　　　考核组:　　　　　考核时间:

一级指标	二级指标	学生互评	任课教师	总评
基本要求(10分)	不同警绳术语区分警绳形式(10分)			
警绳术语(30分)	对应形式(30分)			
警绳的实战操作(60分)	押解绳(20分)			
	手腕绳(20分)			
	腰手绳(20分)			
合计(100分)				

学习任务七　防暴头盔、防毒面具使用

学习目标

知识目标：熟悉防暴头盔、防毒面具的基本知识和性能。

能力目标：掌握防暴头盔、防毒面具的使用技能。

素养目标：培养安全、有效使用防暴头盔、防毒面具的能力与素质。

情境导入

情境导入一：2011 年 9 月，某省监狱生产劳动现场，某罪犯故意挑起矛盾，肆意殴打其他积极改造罪犯，制造暴力事件，在现场执勤民警做战术性撤离的时间段，张某、孙某等人乘机将生产设备中的电加热装置丢进塑料原材料堆，企图引发火灾造成更大破坏，现场发出刺激性气味及浓烟。监狱指挥中心接警后，迅速指令特警队穿戴防暴头盔、防毒面具携带其他警用装备赶赴现场。最终控住滋事罪犯，解救受伤人员，消除了安全隐患。

情境导入二：2023 年 5 月，某区人民法院司法警察在协助强制执行某化学工厂时，发现有化工原料渗流情况，现场协助执行司法警察迅速戴上防毒面具对现场进行有效处置。

基本知识

一、防暴头盔

防暴头盔是一种保护人民警察在执行任务时抵御头部及面部受到打击伤害或其他潜在伤害的一种警用装备。

图 3-49　防暴头盔

常见的防暴头盔采用 PC 合金制造，具有质轻，强度高，外形美观，线条流畅，面罩镜片透光率好，视野开阔，佩带舒适、牢靠，穿脱简便等优点。

防暴头盔性能参数

参数		性能特点
材质	高强度 ABS 外壳，透明聚碳酸酯面罩	由壳体、缓冲层、衬垫、面罩、佩带装置（系带、下颌托、佩带扣和盔顶悬挂系统）、护颈组成。壳体使用工程塑料制作，缓冲层使用泡沫加软质吸能材质制作，头盔内部采用新型防菌布料。坚固耐用，抗冲击、棒击、石头攻击、防刀砍、穿刺、防火、酸碱腐蚀。在各种高低温条件下均能保持良好性能
面罩厚度	2mm	
头盔尺寸	适用头围尺寸 560~600mm	
重量	>1.60kg	
执行标准	《GA 294-2012 警用防暴头盔》	

二、防毒面具

防毒面具是一种过滤式呼吸防护用品，是利用面罩与面部周边形成密合，使人员的眼睛、鼻子、嘴巴与周围染毒环境隔离，同时依靠滤毒罐中吸附剂的吸附、吸收、催化作用和过滤层的过滤作用将外界染毒空气进行净化，提供洁净空气。防毒面具一般由面罩、滤毒罐、导气管、防毒面具袋等组成。

图 3-50　防毒面具

防毒面具性能参数

参数	
呼气阻力	司选定罐的性能≤98Pa（30L/min）
视野油雾透过率	总视野≥75%；双目视野≥60%；下方视野≥40 度≤0.0005%
面具漏气系数	≤0.0005%
贮存寿命	面具滤毒罐在规定条件下，贮存期为 5 年。MF14 型防毒面具按国标 GB 2890-2022《呼吸防护 自吸过滤式防毒面具》生产
探测角度	±60 度

基本技能

一、防暴头盔佩带

（一）使用方法

1. 使用者请根据自己头型尺寸大小，选择合适的产品规格进行使用。

2. 先将面罩镜片向头顶方向掀开，再用手指拉住佩带两侧，往两侧拉开，使开口扩张。

3. 将头盔前倾，使头部前额先戴入头盔，再往下拉，使头盔完全戴入。

4. 头盔戴入后，将头盔前后左右摇动，使头部佩带舒适，再将佩带调整到适当位置后将插扣插好，连接牢靠。然后将面罩镜片往下拉，使面罩防水橡胶条与壳体前额密合。

5. 头盔欲脱掉时，将佩带解开；即用手指按住佩带上的搭扣并拉开，即可使佩带开口扩张，再由前往后脱掉。

（二）注意事项

1. 使用前应检查面罩上的防水橡胶条与头盔壳前额的密合度；

2. 使用时要调整系带并必须系紧头带。

防暴头盔

二、防毒面具佩带

（一）使用方法

1. 首先要根据自己的头型大小选择合适的面具。

2. 将面具盖住口鼻，然后将头带框套拉至头顶。

3. 用双手将下面的头带拉向颈后，然后扣住。

（二）注意事项

1. 使用前需检查防毒面具是否有裂痕、破口，确保面具与面部贴合密封性。

2. 检查防毒面具呼气阀片有无变形、破裂及裂缝。

3. 检查防毒面具头带是否有弹性。

4. 检查防毒面具滤毒盒座密封圈是否完好。

5. 检查防毒面具滤毒盒是否在使用期内。

防毒面具

思维拓展

一、知识链接

请扫码学习《防暴头盔、防毒面具实战应用视频》。

二、随堂练习

1. 防暴头盔、防毒面具装备作用有哪些?
2. 防暴头盔、防毒面具装备注意事项有哪些?

> **能力测评**

一、任务书

请以小组为单位,根据情境导入案例进行实战演练。

二、任务分组

区队		组号		指导老师	
组长		学号			
组员	姓名		学号	姓名	学号
任务分工					

三、情境考核方案

《防暴头盔、防毒面具使用》情境考核方案

【考核目标】

在学生熟练掌握使用防暴头盔、防毒面具的使用方法后，根据情境导入案例进行实战考核，提升学生的实战运用能力。

【考核内容】

1. 考察防暴头盔规范使用。
2. 考察防毒面具规范使用。

《防暴头盔、防毒面具使用》情境考核评分表

处置小组：　　　　　考核组：　　　　　考核时间：

一级指标	二级指标	学生互评	任课教师	总评
防暴头盔、防毒面具基本知识和性能（20分）	基本知识（10分）			
	性能（10分）			
防暴头盔佩带（40分）	使用方法（20分）			
	注意事项（20分）			
防毒面具佩带（40分）	使用方法（20分）			
	注意事项（20分）			
合计（100分）				

学习任务八　防暴服使用

学习目标

知识目标：熟悉防暴服的结构特点及作用。

能力目标：掌握防暴服的规范使用方法。

素养目标：培养安全、有效使用防暴服的能力与素质。

情境导入

情境导入一：2012年3月，某省监狱生活现场，发生罪犯群体骚乱，群体攻击值班民警，进而控制监舍生活区，形成对峙，在监狱方劝导无效情况下，监狱特警队身着防暴服，头戴防暴头盔，手持防暴盾牌，组成攻坚阵型对监舍楼内占据的骚乱分子发动强攻，最终平息骚乱。

情境导入二：2019年9月，某区人民法院在协助强制执行违章别墅群时，遭到现场业主的大规模抵抗，业主们捡起地上的石头扔向执行现场的司法干警，现场指挥长立即报告指挥中心，要求备勤司法警察立即穿着防暴服，携带防暴器材赶赴执行现场增援。

基本知识

防暴服又称防暴盔甲服，是一种能有效地抵御利器、棍棒及各种非爆炸性投掷物的攻击，并具有一定阻燃性能的服装。

它由护胸、护后背、护肩、护上臂、护小臂（肘）、护大腿、护小腿（前、后、膝盖、脚背）、手套等部件组成。

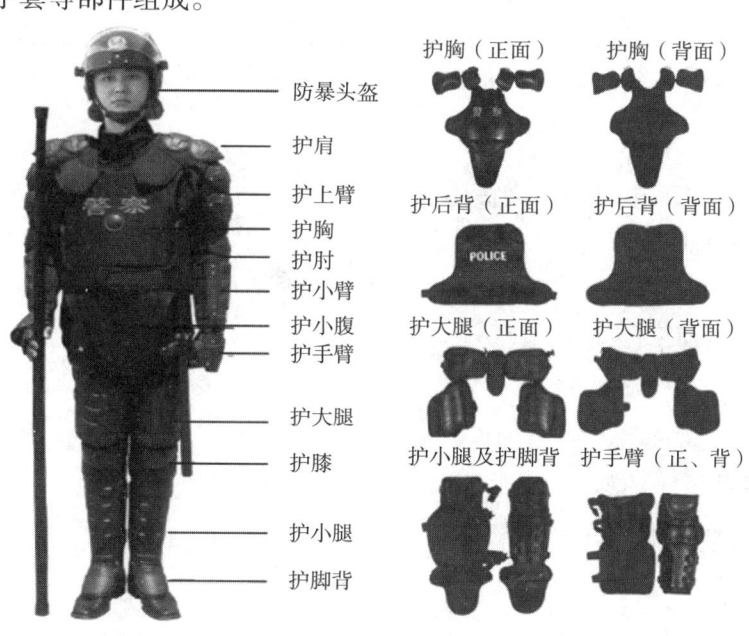

图 3-51　防暴服

防暴服性能参数

参数		性能特点
材质	工程塑料和软质吸能材料制成	1. 防暴服外层材料采用高强涂层面料及特种塑料制作而成，环保无毒，对人体无自然伤害。 2. 防暴服各防护层部件耐高低温性能（+55℃/-20℃，4h）、耐穿刺性能（20焦耳）、抗冲击性能（120焦耳）、击打能量吸收性能（100焦耳）、阻燃性能等方面均达到公共安全行业GA 420-2008标准。 3. 防暴服在小腹防刺基础上，又增添了可调式专用防护囊，同时又在前胸和护椎处安装了卡扣。 4. 防暴服材质优越、重量轻，总重量6.5千克，轻于常规产品。 5. 前胸、后背、大腿、小腿、两臂等部位可设置通风悬挂系统。 6. 防暴服设计独特，分别在前胸、后背设置了可拆式防弹胆芯，在执行特殊任务时，随时可装入防弹胆芯。 7. 防暴服新增可调式多功能牛皮工作包、防毒面具包、多功能挂钩，提高作战实用性。 8. 外包装设计有背、提两用，多功能兜件，实战性强。 9. 前胸、后背、大腿、小腿、两臂及裆部具有防刺性能。
胸、后背防护层	2.0mm厚铝板胶接层和软质新能材料	
适合身高尺寸	165～185cm	
产品重量	<7.5kg	
插扣强力	≥500N	
尼龙搭扣的扣合强度	≥7.0N/cm	
连接带强力	≥2000N	

基本技能

1. 穿戴顺序：自下至上，先穿护小腿、护大腿及裆部，然后从头部套入上衣部分，再戴上护小臂；解脱防暴服时，按相反顺序进行。

2. 防暴服各部件之间，均有绳带、可以调节长短的尼龙织带、魔术贴、塑料插扣等连接方式连接，穿着时可灵活调节。

思维拓展

一、知识链接

请扫码学习《防暴服实战应用视频》。

二、随堂练习

1. 防暴服装备由哪些部件组成？
2. 防暴服装备各部件之间靠什么连接？

警械与武器使用

能力测评

一、任务书
请以小组为单位,根据情境导入案例进行实战演练。

二、任务分组

区队		组号		指导老师	
组长		学号			
组员	姓名	学号	姓名	学号	
任务分工					

三、情境考核方案

《防暴服使用》情境考核方案

【考核目标】

在学生熟练掌握使用防暴服的使用技能后,根据情境导入案例进行实战考核,提升学生的实战运用能力。

【考核内容】

1. 考察防暴服装备部件组成。
2. 考察防暴服规范穿戴顺序。

《防暴服使用》情境考核评分表

处置小组:　　　　　　考核组:　　　　　　考核时间:

一级指标	二级指标	学生互评	任课教师	总评
防暴服抵御功能（30分）	利器（10分）			
	棍棒（10分）			
	非爆炸性投掷物（10分）			
防暴服部件组成（30分）	八大部件（30分）			
防暴服规范穿戴（40分）	规范穿戴顺序（40分）			
合计（100分）				

学习任务九　约束带使用

学习目标

知识目标：熟悉约束带的基本知识与结构特点。

能力目标：掌握一次性约束带和粘合约束带的使用方法。

素养目标：培养安全、有效使用约束带的能力与素质。

情境导入

情境导入一：2019年6月，某省监狱严管监区，一名精神障碍罪犯杜某利用手铐对自己头部猛烈敲击，现场执勤民警对其劝解无效后，果断使用粘合约束带将其束缚控制。

情境导入二：2023年9月，某区人民法院司法警察在处置当事人醉酒状态企图进入法院时，对当事人使用粘合约束带进行暂时约束性控制，控制后，并通知相关人员协助善后处置。

基本知识

约束带分为一次性约束带和粘合约束带。一次性约束带是一种约束性器械，用于暂时束缚执法对象手腕的环形械具。粘合约束带是一种约束性器械，通常针对执法对象自杀、自残、行凶或进行其他破坏活动而使用的约束性器械。

一、一次性约束带

一次性约束带以超高强度尼龙为材质，利用棘爪工作原理制成，具有强度高、重量轻、体积小，携带方便等特点。

一次性约束带是一种辅助性约束器械，适用于被押解对象乘坐飞机等特殊交通工具或在外出就医、鉴定等特殊场所押解时的暂时使用。

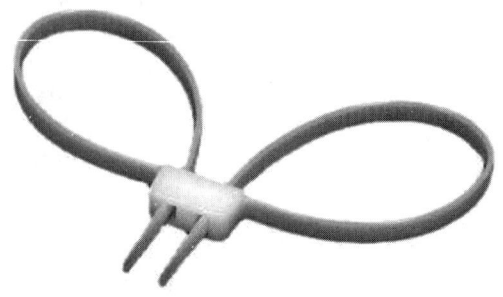

图 3-52　一次性约束带

二、粘合约束带

粘合约束带由上身约束带和下身约束带组成。

1. 上身约束带长度 1600mm，宽度 300mm，下身约束带长度 1000mm，宽度 210mm。
2. 重量：上身约束带重 950g，下身约束带重 500g。
3. 抗拉强度实验：约束带可承受 3000N 的静拉力，且不出现带体断裂现象。

图 3-53　粘合约束带

基本技能

一、一次性约束带使用方法

1. 一次性约束带可挂载在多功能腰带或战术背心等载具上。
2. 使用前应检查一次性约束带，确保无裂痕、磨损等。
3. 替代其他戒具使用时，应先戴好约束带，确定松紧适度后，再解除其他戒具。
4. 解除约束带时，应先戴好其他戒具，确定安全后，再解除约束带；解除时，应安全控制，使用专用工具剪除。

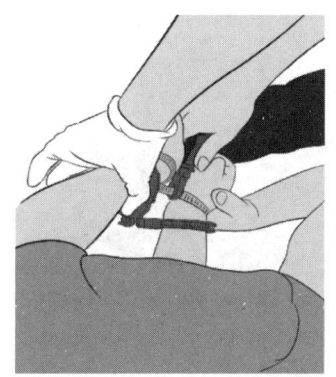

图 3-54　一次性约束带使用方法

一次性约束带使用方法

二、粘合约束带使用方法

1. 展开约束带，并做好约束准备。
2. 由后接近被约束人，抓住时机双臂迅速抱拢，扣紧约束带。

图 3-55　粘合约束带使用方法

粘合约束带使用方法

思维拓展

一、知识链接

请扫码学习《一次性约束带、粘合约束带实战应用视频》。

二、随堂练习

1. 一次性约束带适用于什么情况下？
2. 粘合约束带可承受多少 N 的静拉力？

三、法律依据

1. 《中华人民共和国监狱法》第 45 条。
2. 《中华人民共和国人民警察使用警械和武器条例》第 8 条。
3. 《人民法院司法警察常用警用装备使用办法（试行）》第 12 条。

能力测评

一、任务书

请以小组为单位，根据情境导入案例进行实战演练。

二、任务分组

区队		组号		指导老师	
组长		学号			
组员	姓名		学号	姓名	学号
任务分工					

三、情境考核方案

《约束带使用》情境考核方案

【考核目标】

在学生熟练掌握约束带的使用技能后,根据情境导入案例进行实战考核,提升学生的实战运用能力。

【考核内容】

1. 考察一次性约束带使用规范。
2. 考察粘合约束带使用规范。

《约束带使用》情境考核评分表

处置小组:　　　　　　考核组:　　　　　　考核时间:

一级指标	二级指标	学生互评	任课教师	总评
一次性约束带使用方法（40分）	使用前（20分）			
	解除前（20分）			
粘合约束带使用方法（40分）	手臂（20分）			
	腿部（20分）			
粘合约束带实战应用（20分）	时机把握（20分）			
合计（100分）				

学习任务十　脚镣使用

学习目标

知识目标：熟悉脚镣的结构及作用。
能力目标：掌握脚镣检查方法和上铐方式正确技能。
素养目标：培养依法安全有效意识。

情境导入

情境导入一：2020 年 7 月，某省监狱生活现场罪犯方某情绪狂躁，无故损坏物品并追逐、殴打其他罪犯，现场执勤民警立即对其控制并上铐。但方某又擅自脱离规定的警戒区域，经警告无效，为确保安全稳定的目的，民警果断使用脚镣将其约束控制。

情境导入二：2023 年 8 月，某市中级人民法院在执行押解任务中，对被告人使用手铐、脚镣等戒具进行控制。

基本知识

脚镣是一种约束性警械，由镣环、镣链、钥匙孔等组成。能有效地限制被告人或罪犯的步幅，防止脱逃。根据重量的不同，可以分为重镣和轻镣。

本学习任务主要介绍轻镣和组合式脚镣的学习。

图 3-56　脚镣

一、轻镣性能参数

轻镣性能参数

参数	
材质	碳化钢
产品重量	640g
尺寸大小	最小开放尺寸 57mm、环直径尺寸 58~102mm 全长：700mm

二、组合式脚镣性能参数

组合式脚镣性能参数

参数			
材质	碳化钢		
总重量	1230g		
手铐	最小开放尺寸：57mm	环直径尺寸：49~77mm	全长：240mm
脚镣	最小开放尺寸：69mm	环直径尺寸：58~102mm	全长：700mm

基本技能

一、轻镣使用方法

1. 使用前必须作好检查，确保轻镣性能良好，能正常使用开启、关闭灵活，反锁定位可靠，重点检查连接链是否牢固，镣体有无明显弯曲变形。

2. 轻镣应穿过执法对象的脚踝关节，放在执法对象的脚背上。

3. 轻镣的环形脚圈应紧贴着执法对象的脚踝关节，确保佩带稳固。

4. 将轻镣的铐环穿过脚镣的固定环，在执法对象的脚踝处自然地结合进行拉紧。

5. 将轻镣的锁定柄旋转到锁定位置，确保执法对象的脚踝无法从轻镣中脱离。

轻镣

二、组合式脚镣使用方法

1. 令执法对象坐下，两臂前伸，两腿伸直，先将手铐分别铐在执法对象两手腕处，再将组合式脚镣分别铐在其脚踝关节处。

2. 被控制者自然站立，两臂前伸，两腿分开，先将手铐分别铐在执法对象两手腕处，再将组合式脚镣分别铐在其脚踝关节处。

组合式脚镣

思维拓展

一、知识链接

请扫码学习《轻镣、组合式脚镣实战应用视频》。

二、随堂练习

1. 轻镣最小开放尺寸和总全长分别是多少？
2. 如何确认脚镣的稳固性？

三、法律依据

1. 《中华人民共和国监狱法》第 45 条。
2. 《中华人民共和国人民警察使用警械和武器条例》第 7 条。
3. 《人民法院司法警察常用警用装备使用办法（试行）》第 12 条。

能力测评

一、任务书

请以小组为单位,根据情境导入案例进行实战演练。

二、任务分组

区队		组号		指导老师	
组长		学号			
组员	姓名	学号	姓名	学号	
任务分工					

三、情境考核方案

《脚镣使用》情境考核方案

【考核目标】

在学生熟练掌握使用脚镣的使用技能后，根据情境导入案例进行实战考核，提升学生的实战运用能力。

【考核内容】

1. 考察脚镣检查的要点。
2. 考察脚镣使用规范性。

《脚镣使用》情境考核评分表

处置小组：　　　　考核组：　　　　考核时间：

一级指标	二级指标	学生互评	任课教师	总评
脚镣基础知识（20分）	各结构参数（20分）			
轻镣使用方法（40分）	使用准备（20分）			
	实战操作（20分）			
组合式脚镣使用方法（40分）	使用准备（20分）			
	实战操作（20分）			
合计（100分）				

专题学习四　安全检查装备使用

思政引领

习近平总书记强调，政法工作是党和国家工作的重要组成部分。要全面贯彻落实党的二十大精神，坚持党对政法工作的绝对领导，提高政治站位和政治判断力、政治领悟力、政治执行力，坚持以人民为中心，坚持中国特色社会主义法治道路，坚持改革创新，坚持发扬斗争精神，奋力推进政法工作现代化，全力履行维护国家政治安全、确保社会大局稳定、促进社会公平正义、保障人民安居乐业的职责使命，为全面建设社会主义现代化国家、全面推进中华民族伟大复兴贡献力量。各级党委要加强对政法工作的领导，为推进政法工作现代化提供有力保障。

内容概要

本专题是让学生了解安全检查的概念、特点、要求，熟悉安全检查的执法依据、职责，掌握安全检查的岗位设置及设施配备，通过学习使学生建立依法规范组织安全检查的警务实施。

学习任务一　酒精检测仪使用

学习目标

知识目标：了解酒精检测仪的概念及功能特点。
能力目标：掌握酒精检测仪的使用技能，具备依法规范使用酒精检测仪的能力。
素养目标：培养坚持严格规范公正文明执法意识。

🎯 情境导入

情境导入一：2023年3月，某省监狱举报信箱接到来信举报，反映某监区伙房事务犯潘某、唐某等人利用岗位便利，偷饮伙房调味用料酒，并将料酒灌入水壶带至监舍内与他犯分享，严重破坏了监管秩序。值班民警采用酒精检测仪对两名罪犯进行了酒精测试抽检。

情境导入二：2023年5月，某市中级人民法院安检大厅，一名诉讼参与人在接受安检时，司法警察发现该诉讼参与人有饮酒的迹象，立即要求该诉讼参与人接受酒精检测仪检测。

🎯 基本知识

酒精检测仪是用来快速检测人体是否摄入酒精以及摄入酒精含量多少的仪器。主要有湿化学法、气相色谱法、电化学方法、半导体传感器等，目前应用最为广泛的是电化学方法即燃料电池型呼气酒精检测仪，它具有稳定性高、精度高、操作简单等优点。

一、结构

酒精检测仪主要由出气口、吹气口、显示屏、绿色待机灯、黄色电量不足警告灯、不合格警告灯、重置按钮和开关按钮组成。

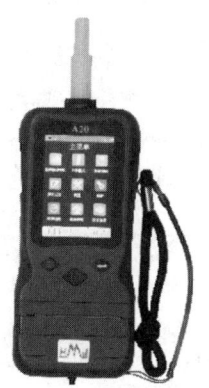

图 4-1　酒精检测仪

二、功能与特点

1. 采用高精密半导体酒精传感器。

2. 半导体传感器与酒精分子发生反应相互抵抗变化测量分析，十分精确，最大错误率低于 0.10mg/ml。

3. 误差率较小，对比实验中充分体现高浓度测量时的稳定性和正确性。

4. 采用特殊的结构（传感器的保护器）可避免口水、沙尘等对仪器的污染，达到保护传感器的作用。

5. 超级轻量化设计，外观符合人体工程学原理，可避免长时间使用和携带的工作疲劳。

6. 操作简单，配合真皮外套，方便工作中携带、使用。
7. 配备双重呼入器（一次性、多用型），适用于不同工作环境。
8. 对非酒精气体不发生反应，对高浓度或低浓度酒精都能进行正确检测。
9. 采用非接触式的多用型吹嘴，因此检测无须更换吹嘴。

三、注意事项

1. 喝酒后 30 分钟开始测量为最佳时间。
2. 若电量指示灯亮要及时更换电池。
3. 不能随便拆卸仪器。
4. 接触口要保持清洁，避免脏物进入损坏仪器。
5. 检测时禁止用手挡住出气口。

基本技能

一、判断告知

在安全检查过程中，通过对受检人员面部、语言、行为、步态以及散发气味等观察初步判定是否为饮酒人员，并对其进行询问，告知其醉酒的人不能进入相关区域。

二、戒备检测

检查人员位于受检测对象的侧面，并保持相应安全距离，持握酒精检测仪前伸至受检对象嘴部位置，告知受检对象向吹嘴内均匀吹气。

三、放行与限制

检测后，向受检对象告知检测数据或出具检测数值凭条。如受检人员未达到醉酒状态且精神状态正常的可以放行通行。如达到醉酒状态的，根据法律法规规定限制其进入相关区域。

思维拓展

一、知识链接

请扫码学习《酒精检测仪实战应用视频》。

二、随堂习题

1. 如何判断受检人员是否存在饮酒情况？
2. 酒精检测时如何站位戒备？

三、法律依据

1. 《中华人民共和国人民法院法庭规则》第 9 条。
2. 《人民法院司法警察安全检查规则》第 1 条、第 12 条。
3. 《最高人民法院关于人民法院司法警察依法履行职权的规定》第 1 条、第 4 条。

能力测评

一、任务书

请以小组为单位,根据情境导入案例进行实战演练。

二、任务分组

区队		组号		指导老师	
组长		学号			
组员	姓名	学号	姓名	学号	
任务分工					

三、情境考核方案

《酒精检测仪使用》情境考核方案

【考核目标】

在学生熟练掌握使用酒精检测仪的使用技能后,根据情境导入案例进行实战考核,提升学生的实战运用能力,在模拟情境中培养安全规范的职业精神。

【考核内容】

1. 全面考察酒精检测仪使用规范流程。
2. 考察学生对酒精检测仪使用的法律依据。

《酒精检测仪使用》情境考核评分表

处置小组:　　　　　考核组:　　　　　考核时间:

一级指标	二级指标	学生互评	任课教师	总评
戒备与告知(30分)	身体戒备(15分)			
	告知语言(15分)			
操作规范(40分)	严谨(20分)			
	移动(20分)			
检测后的处置(30分)	放行(15分)			
	限制(15分)			
合计(100分)				

学习任务二 手持金属探测器使用

学习目标

知识目标：熟悉手持金属探测器的基本知识、性能，了解装备的原理、功能及保养，熟知手持金属探测器的使用原则。

能力目标：熟练掌握手持金属探测器的使用技能。

素养目标：培养坚持严格规范公正文明执法意识。

情境导入

情境导入一：2018 年 9 月，某省监狱生产劳动现场，现场执勤民警在组织收工检查时发现车间丢失一把镊子，为消除安全隐患，现场执勤民警采用手持金属探测器立即对所有罪犯进行逐一搜身检查。

情境导入二：某市人民法院司法警察在对一男性受检人进行人身检查时，手持金属探测器发出报警，经复检后，该男子取出藏匿于脚踝位置的管制刀具，司法警察对其进行控制并询问。

基本知识

手持金属探测器是金属探测器的一种。它通过对金属物品的电磁感应而报警，报警方式主要有声音、灯光显示、震动，在探测不同大小的金属物时发出不同的音调声，探测到大金属物体时发出高音频的音调。

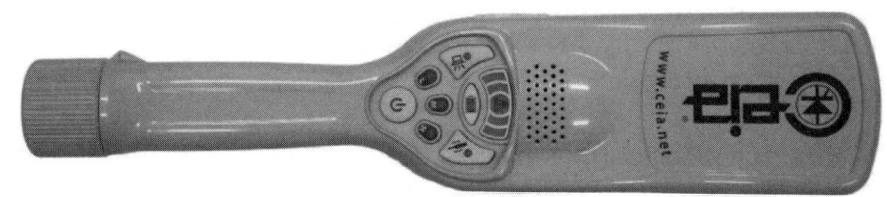

图 4-2 手持金属探测器

一、作用、性能及特点

（一）作用

手持金属探测器是为了发现受检对象身上携带的管制器具、危险物质、限制物品，比如，武器、刀具等，防止将未经允许的物品带进特定场所。达到消除安全隐患，防止危害公共安全、人身安全的事故发生。

（二）性能和特点

1. 操作简单，方便。

2. 手握部分采用防滑设计，便于工作。

3. 操作无方向性。当探测到金属时，正反两面 Alert 灯均可发出红光报警。

4. 极低的电池消耗量。待机时电流为 0，工作时电流小于 1mA。

5. 极高的精确度和灵敏度。可准确地探测到极小的金属物品（0.1g 或甚至更小）。

6. 电池电压提示。系统不断地检测电源、电池故障、电压不足，当电压不足时未探测金属时红色 Alert 灯会亮，显示更换电池。

7. 会根据金属大小产生不同报警音调，在嘈杂环境中可以外接耳机。

二、使用基本原则

（一）依法安全

人民警察在实施安全检查工作时要严格控制管制器具、危险物质和限制物品进入重点区域。首先，应做到依法操作并按照规定的程序进行检查；其次，要自觉遵守法律法规及政策规定，严格遵守安全检查纪律；最后，要严格落实各项检查措施，严把人身检查、物品检查关，做到不放过任何可疑人员和可疑物品，以确保人身安全。

（二）专业规范

人民警察在进行安全检查时，要高效实施人身检查程序，注意观察安检过程中的可疑迹象和可疑物品并做进一步的检查和相应处置，以确保人身安全。

（三）文明礼貌

人民警察应当保持良好的警容仪表和规范文明的言行举止。尊重每一位受检人员的人格尊严，在工作中注意操作规范并使用文明用语；讲究工作方法，对于不理解安全检查工作或者情绪急躁的受检人员应进行耐心的解释说明，避免用简单粗暴的方法解决矛盾。女性受检人员应当由女性警察进行检查。

基本技能

一、检查方法

1. 安检员通过手眼配合，右持握手持金属探测器，左手采用摸、按压、拍打、捏、顺等感官检查法，在手持金属探测器报警时，左手配合利用触感排查异常，并在重点部位进行按压、轻拍感觉，触摸和眼观排除疑点，确认是否有其他非金属违禁品。如受检对象佩带帽子或口罩的，应提醒受检对象摘下帽子或口罩。

2. 手持金属探测器报警时触摸报警部位，判断报警物性质，并请受检对象取出该物配合检查。待受检对象取出物品后，安检员应对该报警部位再次进行检查，确认无可疑点后，再进行下一步操作。

二、检查顺序

（一）正面

1. 前衣领→右肩→右大臂外侧→右手→右大臂内侧→腋下→右前胸→右上身外侧→腰、腹部→左肩→左大臂外侧→左手→左大臂内侧→腋下→左前胸→左上身外侧→腰、腹部。

2. 右大腿前侧→右膝部前侧→裆部→左大腿前侧→左膝部前侧。

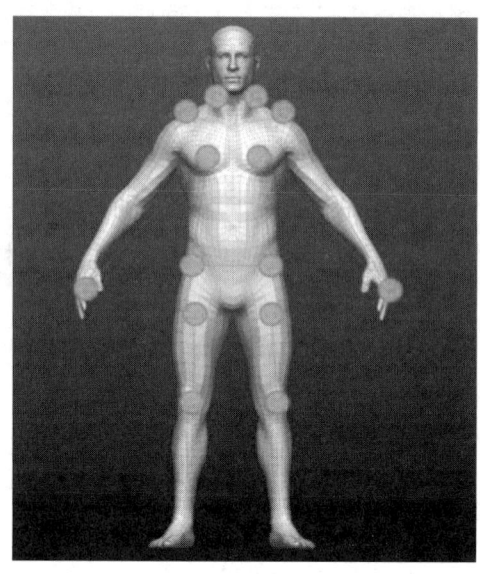

图 4-3　正面检查顺序

（二）背面

头部→后衣领→背部→后腰部→臀部→左大腿外侧→左小腿外侧→左脚→左小腿内侧→右小腿内侧→右脚→右小腿外侧→右大腿外侧。

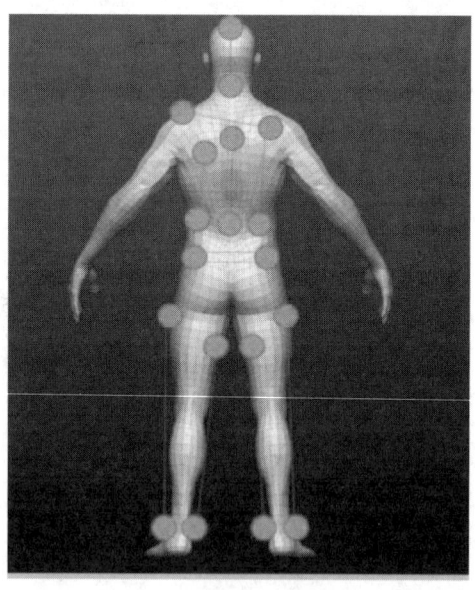

图 4-4　背面检查顺序

三、手持金属探测器人身检查操作规范

1. 安检员正对或侧对金属探测门站立，注意观察安全门报警情况及动态，确定重点检查对象。

2. 当受检对象通过金属探测门发出报警或有可疑对象时，安检员应示意受检对象到安全门一侧接受检查。检查时，受检对象应站立在安检台上，手持金属探测器所到之处，安检员应用另外一只手配合做摸、按、捏动作。

3. 检查过程中，应注意对头部、手腕、肩胛、胸部、臀部、腋下、裆部、腰部、腹部、脚部、衣领、领带、鞋、腰带等部位进行重点检查。

（1）如果手持金属探测器报警，安检员左手应配合触摸报警部位，以判明报警物品性质，同时请受检对象取出该物品进行检查。

（2）受检对象将报警物品从身上取出后，安检员应对该报警部位进行复检，确认无危险品后方可进行下一步检查。

4. 当检查到脚部有异常时，应让受检对象坐在椅子上，让其脱鞋接受检查。方法是，用手握住其脚踝判别是否藏有物品，确定其袜中是否夹带物品，检查完毕后，将旅客的鞋通过通道式 X 射线探测器检查，确认无问题后放行。

5. 对不配合安全检查或有异常行为及故意隐藏违禁物品情况时，除安检员外，安检小组其他队员应当采取相应战术站位，对受检人员进行相应控制，如受检人员有其他违法犯罪行为时，应立即人物分离，分别进行有效控制。

四、检查注意事项

（一）重点检查对象

1. 精神恐慌，言行可疑，伪装镇静者。

2. 冒充熟人，假献殷勤，主动接受检查过于热情者。

3. 表现异常，催促检查或故意蛮横，不愿接受检查者。

4. 窥视检查现场，探听安全检查情况等行为异常者。

5. 着装与身份明显不符或与季节不合者。

（二）残疾人检查

1. 加强引导。

2. 感官检查和仪器检查分别进行。

3. 随行人员在场，陪同检查。

4. 植入式人工耳蜗避免电磁类检查。

5. 感官障碍者搀扶通过金属探测门。

思维拓展

一、知识链接

请扫码学习《手持金属探测器实战应用视频》。

二、随堂习题

1. 正面的检查顺序是什么?
2. 重点检查对象有哪些?

三、法律依据

1. 《中华人民共和国人民法院法庭规则》第 6 条、第 7 条。
2. 《最高人民法院关于人民法院司法警察依法履行职权的规定》第 1 条、第 4 条。
3. 《人民法院司法警察条例》第 7 条。
4. 《人民法院司法警察安全检查规则》,该规则对安全检查的性质、原则,安全检查场所的设置,安全检查的组织实施,违规人员和物品的处理和处置等都有明确规定。

能力测评

一、任务书
请以小组为单位,根据情境导入案例进行实战演练。

二、任务分组

区队		组号		指导老师	
组长		学号			
组员	姓名		学号	姓名	学号
任务分工					

三、情境考核方案

《手持金属探测器使用》情境考核方案

【考核目标】

在学生熟练掌握使用手持金属探测器使用技能后，根据情境导入案例进行实战考核，提升学生的实战运用能力，在模拟情境中培养"文明规范"的职业精神。

【考核内容】

1. 全面考察手持金属探测器使用规范流程。
2. 考察学生对手持金属探测器使用检查的方法、顺序、原则。

《手持金属探测器使用》情境考核评分表

处置小组：　　　　考核组：　　　　考核时间：

一级指标	二级指标	学生互评	任课教师	总评
检查注意事项（10分）	重点检查对象（5分）			
	残疾人检查（5分）			
使用基本原则（10分）	依法安全、专业规范、文明礼貌（10分）			
检查方法（40分）	顺序（20分）			
	手势（20分）			
检查顺序（40分）	正面（20分）			
	背面（20分）			
合计（100分）				

学习任务三 通道式 X 射线探测器使用

学习目标

知识目标：理解通道式 X 射线探测器的概念、检测原理与识图要领。

能力目标：熟练掌握常见违禁物品的识别方法与处置方法。

素养目标：培养严谨规范、安全有效执法意识。

情境导入

情境导入一：2023 年 11 月，某省监狱新收押一批入监服刑罪犯，为确保监狱安全稳定，杜绝违禁品流入监管区域，现场执勤民警使用监狱新采购的通道式 X 射线探测器，对新入监罪犯随身携带的包裹物品进行探测检查。

情境导入二：2014 年 1 月 23 日，某区人民法院司法警察在安全检查时，通过通道式 X 射线探测器发现来访人员姚某随身携带的包里有疑似枪支和弹药的物品。值勤法警高度警惕、果断处置，一边控制住当事人的包，一边不动声色地稳住对方并请求支援。后经鉴定，该枪支属于灭火枪的一种，在 10 米范围内有较强杀伤力。最终，该枪作为限制物品由公安机关收缴。

基本知识

通道式 X 射线探测器是利用 X 射线穿透物品，将内部结构、图像反映在荧光屏上，以达到不用拆开包装，安检人员可以就其物品的内部结构及形状，辨别隐藏在行李、包裹、公文箱等物品里的武器、爆炸物等危险物品。

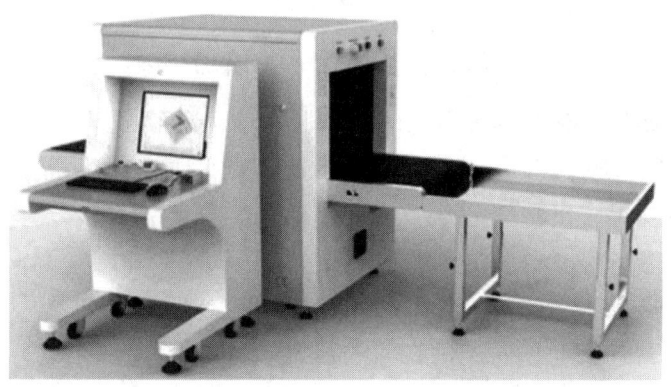

图 4-5 通道式 X 射线探测器

一、工作原理

X 射线检查系统，自 20 世纪 60 年代左右逐步应用于危险品的安全检查。X 射线检查系统的波长短、能量大，能透过物质的原子间隙传播。X射线穿透物质的程度与物质的性质、结构有关。低原子序数元素组成的物质对X射线吸收较弱，X射线透过率高，而原子序数较高的元素所组成的物质一般对X射线的吸收较强，因此X射线透过率低。根据物质对X射线的吸收程度，通常对物质的穿透性大致分为好、中、差三类，如下表所示：

穿透性	物质
好	非金属液体、气体等低密度材料
中	织物、塑料、木材等中密度材料
差	金属、骨骼等高密度材料

正是这种穿透性的差别，使得X射线在透过物质后能在胶片或者荧光屏上构成相应物质的影像。由于X射线能透过包装显现内部物品的结构图像，并可通过荧光屏直接进行观察、分析，无需拆包就能把藏匿在行李、物品及各类邮件中的违禁物品检查出来，既安全又方便快捷，因而也是安全检查工作中常用设备之一。

二、X射线检查系统检查的识图要领

（一）角度决定形状

角度是指被检物品在X射线检查系统中的摆放角度；形状是指X射线图像中所显示出的形状。由于X射线穿透后，在荧光屏上出现的是平面图像而不是立体图像，很容易造成误判。如一个钢球和一个相同直径的厚钢圆片（或硬币）及钢圆柱体，水平透视图的图像都是一个黑色圆盘影像"●"，而垂直透视物体因为改变了角度，就形成了不同图像。

（二）距离决定大小

距离是指被检物与X射线源之间的距离；大小是指同一被检物品在图像中的形状大小变化。被检物品离X射线源越近，图像就越大；反之会越小。

（三）亮度显示密度

亮度是指荧光屏显示出的明暗程度和图像的透明度；密度是指物质单位体积内的质量。不同密度的物质在图像中会有不同的显示；密度大的物质，吸收的X射线量多，影像暗；密度小的物质，吸收X射线量小，影像亮。据此原理，无机物（如枪支、管制刀具等金属物质）密度大，在屏幕上显示出暗（黑色）影像；有机物（含有C、H、O、N元素的物质，如炸药）密度小，在屏幕上显示亮的影像。

（四）颜色表示成分

X射线检查系统为了便于准确辨认、识别，在彩色图像中事先人为设定了表示各种成分的不同颜色：①有机物为橙色。原子序数小于10的化学元素，通常共有的元素为C、H、O、N。不管化学成分如何，只要某物质的主要构成是共有元素的任何元素，即显示为橙色。如炸药、药物、塑料、纸张、布料、木材、水等；②无机物为蓝色。原子序数大于18的化学元素（如金属）均以蓝色代表，据此很容易识别出枪支、管制刀具、雷管等。

过厚物体或密度过大的物质,由于 X 射线不能穿透则显示为红色或黑色,如铅;③混合物为绿色:原子序数介于 10~17 之间的化学元素,如 Al、Si 等,显示为绿色。X 射线图像中有机物与无机物的重叠部分也会呈现绿色。

将物体水平放在传送带上,尽量使物体与传送带的接触面积保持最大,传送带将物体载入通道,物体遮住光障,X 射线开始发射,对物体进行扫描,通道式 X 射线探测器接受物体透射信号,系统根据透射信号重建图像并输送到显示器。正常检测时,操作员可通过显示图像发现危险品或者可疑物品,并存储起来。

三、常见违禁物品的图像特征与识别方法

X 射线检查系统对物品的识别主要是通过从图像中间向周围,按照颜色的不同、图像所呈现的层次来进行辨别,并结合 X 射线检查系统功能键辅助等方法进行判定。具体常见的违禁品的辨认要点如下:

(一) 枪支

枪支一般由金属材料制成,通常金属均呈深蓝色和红色,所以在显示器上显现出清晰的枪体轮廓,枪支正放、直放或斜放图像都可通过结构和外观特征识别,如握柄、枪管、护环和准星等。因为仿真枪金属密度没有真枪大,所以呈现的 X 射线图像较浅,并不全数呈深蓝色和红色。至于玩具塑料枪在监视器上则出现绿色或者橙色,轮廓比较淡,正放图像可通过轮廓和内部金属特征来识别,如螺旋形弹簧、金属铁块、螺丝、铁丝;直放图像可通过外形和内部特征识别,如螺丝、弹簧等;斜放时根据摆放角度不同,呈现的图像形状各异,但仍能看到金属螺丝、弹簧等。这样从 X 射线图像的色彩和构造上就可区别真枪、仿真枪和玩具枪。

(二) 子弹

子弹正放图像轮廓明显,弹头呈黑色,形状为尖头或圆头,弹壳呈蓝色,弹壳底部呈较粗直线状。直放图像呈黑色圆形,可利用图像加亮键识别。斜放图像呈圆锥状,综合其外观结构特征较易辨别。识别普通子弹可寻找图像中的最黑点,利用结构及比例大小特征来综合识别。

(三) 刀具

刀具包含匕首、美工刀、剪刀等。刀在没有伪装的情况下,其图像较容易识别,主要通过它的颜色和轮廓,并且它的色彩多为深蓝色或者淡蓝色。因此其正放时非常容易发现,但侧放容易漏掉,需要换角度重新过机检查。

1. 匕首。匕首刀身由金属制成,刀柄由金属或其他材质制成,一般都带有金属或其他材质的刀鞘。正放图像能看到蓝色刀身和黑色刀柄。直放图像刀身呈黑色线状,刀柄根据材质不同呈黑色或黄色块状。斜放图像根据实际摆放角度不同形状各异,但仍能看到刀身和刀柄的特征。

2. 美工刀。美工刀的外壳根据材质可分为金属和塑料两种。正放时,塑料外壳美工刀能看到蓝色平行四边形刀片及尾部圆孔,金属外壳美工刀图像不明显,但能看到特殊形状的外壳。直放时,刀片或外壳呈黑色细线。斜放图像根据实际摆放角度不同形状各异,

但仍能看到刀片或外壳的特征。整盒刀片正放时图像中塑料盒呈淡黄色，刀片呈深蓝色平行四边形，尾部有圆孔。直放图像盒子边缘呈黄色，刀片呈黑色细线。斜放图像与直放图像相似。

3. 剪刀。剪刀刀身由金属制成，刀柄由塑料或其他材质制成。正放图像刀身呈蓝色，轮廓明显，刀柄呈黄色，较易识别。直放图像刀身呈黑色线状，刀身末端有凸出的黑色铆钉，刀柄呈深黄色。斜放图像根据实际摆放角度不同形状各异，但仍能看到刀身的特征。

（四）TNT 和塑性炸药。

TNT 外观为淡黄色或黄褐色，常见有块状、柱状和鳞片状。块状 TNT 正放图像呈黄色长方形，一端中部有用于放置雷管的凹槽，直放图像呈深黄色长方形，中间有圆形凹槽，斜放图像呈黄色立方体。

柱状 TNT 正放图像与块状 TNT 相似，直放呈深黄色圆形，斜放呈黄色圆柱状。鳞片状 TNT 大小类似麦片、图像呈黄色。

塑性炸药外观为白色或略带黄色，可被捏成各种形状，图像没有固定形状，呈黄色。

基本技能

一、步骤

所有物品均应逐件通过 X 射线检查系统进行检查。经过检查后，对有可疑内容物的物品要打开进行检查，排除疑点后方可放行。检查完毕后，应当提示受检人员取走自己携带的物品。

二、方法

使用 X 射线检查系统对箱（包）等不能直接检视的物品进行检查时，应当提示受检人员将物品平放，确保能最大限度观察清楚其中的内容物。

通过 X 射线检查系统的图像显示对箱（包）等不能直接检视的物品的内容物进行识别时，图像模糊不清无法判断其性质的，应当转换角度重新过机检查或者通过放大图像、加深颜色等方法加以判别。

使用 X 射线检查系统图像显示对物品进行安全检查，对图像显示有疑点的物品，通过改变物品的摆放方位等方法重新过机检查，经排除没有疑点的，可以放行。

安检仪器操作员对无法通过 X 射线检查系统排除疑点的物品，应提示人工检查员对可疑物品进行手工检查。人工检查员对需要手工检查的物品应先行控制，待受检人员到达确认物品归属后，当面实施检查，检查时应确保受检人员与物品保持一定的安全距离且处于受检人员视线范围内。检查时应轻拿轻放，防止物品弄脏或者损坏，涉及个人隐私物品应当注意妥善放置。

具体检查方法如下：

1. 对于箱（包），要查看其外形是否有异常，检查外部小口袋及有拉链的外夹层；用手沿箱（包）的各个侧面、边缘、角部上下摸查，将所有的夹层、底层和内层小口袋检查一遍。

2. 对于其他物品，要通过看物品的外表是否有异常，包、袋是否有变动等；直接用手的触觉来判断是否藏有可疑物品；掂其重量，判断与正常的物品是否相符等方法来进行检查。

3. 对有疑点的物品，在排除疑点后，应当重新过机复检。

4. 对检出管制器具、危险物质、限制物品等，应当采取人、物分离的控制措施，进行询问核实，并视情况带离安全检查区域做进一步处置。

三、处理

如果检查发现问题物品的，对不允许携带进入重点区域的物品，应根据物品性质按规定予以处理：

1. 对限制物品可予以寄存，其中液体、胶状等物品不应同意其当场饮用。

2. 对非法携带的管制器具予以暂扣。

3. 对易燃易爆、强腐蚀性等危险物质在确保没有危险的情况下，按照有关规定予以寄存或者暂扣。

4. 对其他不得带入重点区域但是按照规定不允许寄存的物品，告知受检人员自行处置。

5. 对暂扣的爆炸物等危险物质，应当放置于专用防护器具和场所，报请公安机关或者其他专业机构进行处置。

6. 对暂扣的管制器具、危险物质，应当及时移送公安机关。对暂扣的管制器具、危险物质，应当履行相应的手续并为持有者出具单据。

思维拓展

一、知识链接

请扫码学习《通道式 X 射线探测器实战应用视频》。

二、随堂习题

1. X 射线检查系统检查的识图要领包括哪些？
2. 枪支在通道式 X 射线探测器上呈现的是什么颜色？

三、法律依据

1.《中华人民共和国人民法院法庭规则》第 6 条、第 7 条。
2.《最高人民法院关于人民法院司法警察依法履行职权的规定》第 1 条。
3.《人民法院司法警察安全检查规则》第 2 条。

能力测评

一、任务书

请以小组为单位,根据情境导入案例进行实战演练。

二、任务分组

区队		组号		指导老师	
组长		学号			
组员	姓名	学号		姓名	学号
任务分工					

三、情境考核方案

《通道式 X 射线探测器使用》情境考核方案

【考核目标】

在学生熟练掌握通道式 X 射线探测器对常见违禁物品的识图、识别以及检查的方法。根据情境导入案例进行实战考核，提升学生的实战运用能力。

【考核内容】

1. 全面考察 X 射线检查系统检查的识图要领。
2. 考察学生常见违禁物品的图像特征与识别方法。
3. 熟练掌握利用 X 射线检查系统对物品检查的方法

《通道式 X 射线探测器使用》情境考核评分表

处置小组：　　　　　　考核组：　　　　　　考核时间：

一级指标	二级指标	学生互评	任课教师	总评
识图要领（40 分）	角度决定形状（10 分）			
	距离决定大小（10 分）			
	亮度显示密度（10 分）			
	颜色表示成分（10 分）			
常见违禁物品的图像特征与识别方法（40 分）	枪支（10 分）			
	子弹（10 分）			
	刀具（10 分）			
	TNT 和塑性炸药（10 分）			
处置（20 分）	方法和处理（20 分）			
合计（100 分）				

学习任务四　爆炸物探测器和液体检测仪使用

学习目标

知识目标：熟悉爆炸物探测器和液体检测仪的概念及功能原理。
能力目标：掌握爆炸物探测器和液体检测仪的规范使用技能。
素养目标：培养严谨规范、安全有效执法的意识。

情境导入

情境导入一：2023年6月，某省监狱会见现场，为确保监狱安全稳定，杜绝危险液体进入会见室，现场执勤民警采用液体检测仪对罪犯家属携带的液体进行逐一检查。

情境导入二：2023年10月，某市中级人民法院安检大厅，一名诉讼参与人在接受安检时，司法警察发现该诉讼参与人携带液体，该诉讼参与人声称为急救类药品，司法警察对其携带液体进行检测。

基本知识

一、爆炸物探测器

爆炸物探测器也称是毒品炸药探测器，在不打开检测对象外包装的情况下，可对探测对象内部是否含有炸药、毒品及违禁的化学物品等进行探测。爆炸物探测器有通道式和便携式两种，本教材主要介绍便携式爆炸物探测器。

图 4-6　爆炸物探测器

（一）工作原理

便携式爆炸物探测器采用荧光聚合物传感技术，利用选择性极强的荧光聚合物作传感材料，如有炸药分子吸附到聚合物表面，导致聚合物的荧光立即消失，通过检测荧光强度变化就能识别炸药分子。

（二）探测范围与功能特点

1. 探测范围。

（1）可探测爆炸物种类：TNT、硝铵炸药、黑火药、铵油炸药、硝酸铵、导爆索、硝酸甘油、塑胶炸药、太安、黑索金、无烟火药、TATP 等。

（2）可探测毒品种类：可卡因、海洛因、大麻、甲基苯丙胺、安非他命、吗啡等。

2. 功能特点。

（1）灵敏度高且可调。检测下限可以达到 0.1ppt，是目前灵敏度最高的爆炸物探测仪器。

（2）响应速度快。有爆炸物的情况下，5~8 秒即可报警。

（3）使用方便。无需预热时间，如果检测到爆炸物，经十几秒空测自洁即可进行第二次检测，没有检测到爆炸物的情况下，可以连续检测。

（4）使用费用低，可以直接对空气采样，也可用普通纸张、布料擦拭被检测物品，然后对擦拭纸（或布料）进行检测，不消耗特殊材料。

二、液体检测仪

液体检测仪是用于探测易燃易爆和有毒液体的安检仪器。液体检测仪有台式和手持式两种。本节主要介绍手持式液体检测仪。

液体检测仪主要由检测头、指示灯、液晶显示屏、检测按钮（键）以及电源开关组成。

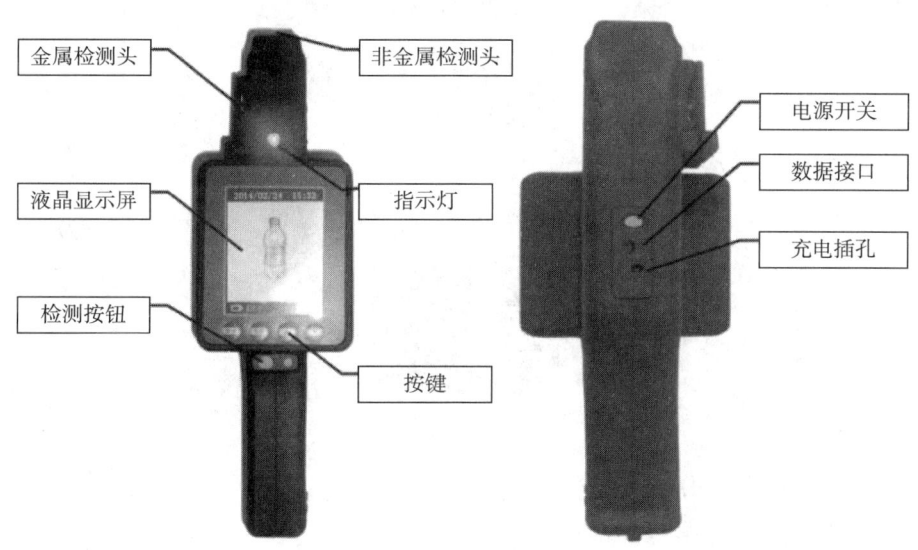

图 4-7　液体检测仪

基本技能

一、爆炸物探测器检测

1. 做好告知，人民警察在进行爆炸物检测时，应告知受检对象进行防爆安检。

2. 检测时可一人一检也可多人一检，多人一检时应在进出两端相对隔离，待检测无误后，予以放行。

3. 防爆安检应与其他安全检查结合起来，发现报警时，应当保持冷静，启动预案并报警，控制相关场所和人员。发现疑似爆炸物，应当疏散人员、封闭场所、保护现场，交由公安机关专业机构依法处置。

二、液体检测仪检测

1. 检测非金属容器液体时，把仪器的整个检测头紧贴于液体容器壁（使液面高于液体检测仪），按下检测按钮，开始检测。

2. 检测金属容器液体时，将金属容器紧贴于金属检测头，使金属检测开关接通，同时按下检测按钮，开始检测。

3. 当被检测液体为安全液体时，检测仪会发出连续声音、振动，液晶显示屏显示绿色背景标志，当被检测液体为危险液体时，检测仪会发出间断蜂鸣声或者振动，液晶显示屏显示红色背景标志。

思维拓展

一、知识链接

1. 请扫码学习《爆炸物探测器实战应用视频》。

2. 请扫码学习《液体检测仪实战应用视频》。

二、随堂习题

1. 爆炸物探测器的工作原理是什么？
2. 爆炸物探测器的探测范围？

三、法律依据

1. 《中华人民共和国人民法院法庭规则》第 6 条、第 7 条。
2. 《最高人民法院关于人民法院司法警察依法履行职权的规定》第 1 条、第 4 条。
3. 《人民法院司法警察条例》第 7 条。
4. 《人民法院司法警察安全检查规则》，该规则对安全检查的性质、原则，安全检查场所的设置，安全检查的组织实施，违规人员和物品的处理和处置等都有明确规定。

能力测评

一、任务书
请以小组为单位,根据情境导入案例进行实战演练。

二、任务分组

区队		组号		指导老师	
组长		学号			
组员	姓名		学号	姓名	学号
任务分工					

三、情境考核方案

《爆炸物探测器和液体检测仪使用》情境考核方案

【考核目标】

在学生熟练掌握爆炸物探测器和液体检测仪的原理及使用技能后，根据情境导入案例进行实战考核，在模拟情境中培养"严谨安全"的职业精神。

【考核内容】

1. 考察爆炸物探测器探测范围、功能特点。
2. 考察液体检测仪规范的检测方法。

《爆炸物探测器和液体检测仪使用》情境考核评分表

处置小组：　　　　考核组：　　　　考核时间：

一级指标	二级指标	学生互评	任课教师	总评
爆炸物探测器（20分）	探测范围（10分）			
	功能特点（10分）			
液体检测仪检测方法（40分）	非金属容器液体（20分）			
	金属容器液体（20分）			
液体检测仪检测结果（40分）	安全液体（20分）			
	危险液体（20分）			
合计（100分）				

专题学习五　综合保障装备使用

思政引领

习近平总书记向中国人民警察队伍授旗并致训词强调，要坚持党的绝对领导，坚持政治建警方针，增强"四个意识"、坚定"四个自信"、做到"两个维护"，始终以党的旗帜为旗帜、以党的方向为方向、以党的意志为意志，坚决听从党中央命令、服从党中央指挥，确保绝对忠诚、绝对纯洁、绝对可靠。

内容概要

本专题主要介绍便携式阻车器、警用隔离设备、警用急救包、警用便携式破窗器、破拆组合工具等综合保障装备的基础理论、使用常识，熟悉掌握综合保障装备的性能结构及使用方法。提升学生综合保障装备使用的实战技能，确保警务活动的安全、规范进行。

学习任务一　便携式阻车器使用

学习目标

知识目标：熟悉便携式阻车器的结构性能。
能力目标：掌握便携式阻车器使用的能力。
素养目标：培养勇敢顽强、坚韧果断的意志品质。

情境导入

情境导入一：2021年10月，某省监狱发生在押外籍罪犯朱某越狱脱逃事件，监狱立即启动应急预案，监狱民警第一时间赶到各自负责的卡口对过往的人和车进行逐一排查，为了防止脱逃罪犯驾车逃离，追逃民警携带便携式阻车器在卡口进行现场布置，以防止朱某驾车冲卡脱逃。

情境导入二：2019年8月，某区人民法院司法警察协助强制执行，对某独栋建筑标的物实施强制腾退时，对该标的物周边设置警戒区，并在距标的物150米道路处设置便携式阻车器，防止相关人员驾车冲击执行现场。

基本知识

便携式阻车器是人民警察在执法执勤时用于设卡查疑、临时道路封控管制、保护固定区域防冲撞等任务，对强行冲卡车辆的轮胎实施穿刺放气或强制截停，使其不能正常行驶而达到有效拦截（犯罪嫌疑）车辆的警用装备。

目前便携式阻车器主要分为便携式遥控阻车器与便携式遥控移动L型阻车器。

1. 便携式遥控阻车器。由箱体、发射装备、刺钉、遥控装置和电源装置等部件组成。

图5-1　便携式遥控阻车器

2. 便携式遥控移动L型阻车器。具有L型构造，采用镁铝合金与高强度冷轧钢相结合制成。上端布置LED爆闪警示灯，底部有多个扎地钩，应对不同角度的受力制动。底部前端安装有圆孔破胎装置，不同方向分别有多个连接杆通过弹珠插销和活动锁扣等进行相互连接成组合体。

图5-2　便携式遥控移动L型阻车器

基本技能

一、便携式遥控阻车器使用方法

1. 将装备箱印字面朝上放在平整路面上，牵引装置朝向展开方向。
2. 打开两侧搭扣，打开电源开关。

3. 拉出遥控器天线，按住"弹出"键，钉带展开到所需长度松开按键即可。如需收拢钉带可按住"回收"键，收拢后松开按键。

二、便携式遥控移动 L 型阻车器使用方法

1. 便携式遥控移动 L 型阻车器为模块化单元部件构成，先将每个单元模块单独装卸。

2. 手动拉开插销和锁拴，将原本模型的单元模块展开成为两个平面的 L 型。

3. 将两个单元模块连接固定，拦截横面长度由拼搭的模块个数决定，可长可短，灵活机动。

思维拓展

一、知识链接

请扫码学习《便携式阻车器实战应用视频》。

二、随堂习题

1. 监狱人民警察使用便携式阻车器的法律依据是什么？

2. 便携式阻车器在何种情形下可以使用？需要满足哪些条件？

警械与武器使用

> **能力测评**

一、任务书

请以小组为单位，根据情境导入案例进行实战演练。

二、任务分组

区队			组号		指导老师	
组长			学号			
组员	姓名		学号	姓名		学号
任务分工						

三、情境考核方案

《便携式阻车器使用》情境考核方案

【考核目标】

在学生熟练掌握使用便携式阻车器的使用技能后，根据情境导入案例进行实战考核，提升学生的实战运用能力。

【考核内容】

1. 考察便携式阻车器布设技能的掌握程度。
2. 考察卡点设置的战术思路。

《便携式阻车器使用》情境考核评分表

处置小组：　　　　　　考核组：　　　　　　考核时间：

一级指标	二级指标	学生互评	任课教师	总评
便携式遥控阻车器实战运用（50分）	区域设置（25分）			
	拆装、摆放准确（25分）			
便携式遥控移动L型阻车器实战运用（50分）	区域设置（25分）			
	拆装、摆放准确（25分）			
合计（100分）				

学习任务二　警用隔离设备使用

学习目标

知识目标：熟悉警用隔离设备的种类结构。

能力目标：掌握警用隔离设备使用技能。

素养目标：培养规范果断的意志品质。

情境导入

情境导入一：2012年5月，某省监狱生活现场，罪犯顾某在出工集合空隙，利用监舍楼外墙铁栅栏徒手攀爬至楼顶，从楼顶跳下，现场执勤民警迅速使用警戒带对现场进行管控，保护现场至检察人员到场勘查。

情境导入二：2022年9月，某区人民法院一名诉讼参与人，身穿状衣，跪在法院大门口并大喊冤枉。指挥中心迅速启动应急预案，执勤司法警察携带警用围挡迅速赶到现场进行隔离警戒。

基本知识

一、警用隔离设备的种类

警用隔离设备主要分为警用围挡和警戒带。

警用围挡适合公共场所应急处置使用、具有普通警戒带所无法实现的遮蔽现场功能，可以起到保护现场，迅速建立隔离区域，防止无关人员围观，减少负面影响等作用，一般运用于案发现场，恶性事故现场，大型活动举办现场等区域搭建。

警戒带是人民警察用于突发事件的隔离，警戒区域标识，警卫工作，集会、游行、示威活动现场封控等工作配备的专门警用装备。

二、结构与材质

警用围挡由高密度防水涤纶布制成内设高强度铝合金支架，方便拆卸搬运，拼接简单快捷牢固。可根据需要实现任意长度或者形状的拼接。常规单片尺寸为2000×2000（mm），重量约为4公斤。也有1000×500（mm）、1600×500（mm）、1800×1800（mm）等不同规格的警用围挡。

图 5-3 警用围挡

警戒带根据材质可分为塑料式警戒带和八美缎布式警戒带,其中塑料式警戒带为一次性耗材,八美缎布式警戒带由带体和带盒组成,标准版长度为 125 米,可抗十级风并能够反复使用。

图 5-4 警戒带

三、使用及注意事项

警用围挡日常应当放置在重点部位、重点岗位、重要出入口等便于取放的位置。人民警察在执法执勤和处置突发事件中,需要使用警用围挡时,可配合警戒带使用,警戒带控制外围,警用围挡控制重点核心部位,起到保护现场、建立隔离区域的作用,使用时,根据现场情况采取直线式、半包围式和全包围式等组合连接方法。设置警用围挡后,应当在围挡外围设置警戒警力,宣传疏导、警戒保护。

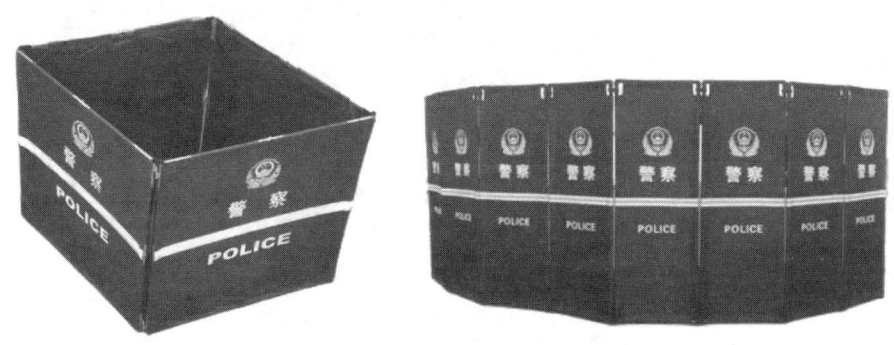

图 5-5 警用围挡

1. 使用警用隔离设备时应当以有利于履行职责，尽量减少对公民、单位的正常活动影响为原则。

2. 夜间使用警用隔离设备应当配置警示灯或照明灯。

3. 使用警用隔离设备的情形消失时，应当立即停止使用和拆除。

> **思维拓展**

一、知识链接

请扫码学习《警用隔离设备实战应用视频》。

二、随堂习题

1. 警用围挡建立隔离区域可根据现场情况采取哪几种组合连接方法？

2. 设置警用围挡后，应当在围挡外围设置什么？

能力测评

一、任务书

请以小组为单位,根据情境导入案例进行实战演练。

二、任务分组

区队		组号		指导老师	
组长		学号			
组员	姓名		学号	姓名	学号
任务分工					

三、情境考核方案

《警用隔离设备使用》情境考核方案

【考核目标】

在学生熟练掌握警用隔离设备的使用技能后，根据情境导入案例进行实战考核，提升学生的实战运用能力。

【考核内容】

1. 考察学生对警用隔离设备的了解。
2. 考察学生对何种情景需使用警用隔离设备的判明。
3. 考察学生对警用隔离设备操作相应的速度。

《警用隔离设备使用》情境考核评分表

处置小组：　　　　　考核组：　　　　　考核时间：

一级指标	二级指标	学生互评	任课教师	总评
判断能力（30分）	何种警情（10分）			
	选择装备（10分）			
	设置要点（10分）			
放置区域（40分）	重点部位（20分）			
	重点岗位（20分）			
警用围挡使用方式（30分）	直线式（10分）			
	半包围式（10分）			
	全包围式（10分）			
合计（100分）				

学习任务三　警用急救包使用

学习目标

知识目标：熟悉警用急救包的种类与功能。

能力目标：掌握快速止血的包扎方法。

素养目标：培养以人为本的执法安全理念。

情境导入

情境导入一：2022年9月，某省监狱在押罪犯朴某越狱，监狱迅速组织警力进行追捕，在对监狱周边的山地进行搜索时，由于地貌复杂，一搜索民警不幸踩空滑落岩体，头部撞伤血流不止，其他民警迅速使用警用急救包内的创伤急救绷带对其实施止血包扎。

情境导入二：2020年7月，某区人民法院司法警察在协助强制执行时，遇到执法对象强行冲越警戒线，司法警察制止时，被执法对象抓伤，司法警察将其控制后，使用警用急救包进行消毒、简易包扎处理。

基本知识

警用急救包是现代警务体系下人民警察在处置突发事件中，为受伤人员实施临时应急救治的专用设备，具有简易、便携的特点。它的配备既体现了现代警务制度对人民警察应急救助能力的要求，也体现了以人为本的执法安全理念。

一、种类

警用急救包分为普通型和战术款，普通型急救包主要运用于服务类警务，通常由普通尼龙包和急救用品构成，配备有碘伏、无菌纱布、创口贴、速效救心丸、云南白药等组成。而战术款通常由500D尼龙防水包和急救用品构成，主要包括速效止血粉、创伤急救绷带、旋压止血带、圆头剪、消炎止疼瓶、丁腈手套等组成。本教材重点介绍战术款警用急救包。

二、功能及使用方法

1. 速效止血粉。通常使用沸石粉状敷料，适用于外伤性轻、中、重度动脉出血。止血时只需快速拆开包装袋，将速效止血粉撒在伤口处用力按压，直至血止。

2. 创伤急救绷带。又称C型绷带或者以色列绷带，是一种特殊设计的急救包扎器材，主要用于院前紧急情况下创伤造成的伤口出血止血。创伤急救绷带是一种有弹性的绷带，内侧有一张无菌的纱布覆盖面，当覆盖面覆盖伤口后，可以通过随意缠绕绷带对伤口施压，绷带上的内置支架可以使得绷带改变缠绕方向，并保持对伤口产生压力，不会滑动。

3. 旋压止血带。又称绞式止血棒，用于四肢动脉的急性大量出血止血，且创伤急救绷带、速效止血粉无效的情况下。使用时拆开包装，解开锁扣，将尼龙带套入流血肢体靠心一段的上方，抽紧尼龙带后使用金属棒绞动施压，直至不再流血，使用施压止血带需要记录使用当前的时间，且每隔45分钟需要松解10~15分钟以免造成肢体坏死。使用施压止血带需要专业认证培训。

4. 圆头剪。用于剪开受伤者衣服，找到出血或创伤部位，以便实施救治。

5. 消炎止疼瓶。装有非类固醇类消炎止疼药。能够缓解疼痛、消除炎症。对于疼痛及感染发烧的伤者，可以应急使用。

6. 丁腈手套。用于实施急救处理伤口时的卫生与自我保护。注意手套为一次性用具，在处理伤者体液或止血时，应先行佩戴。

基本技能

一、丁腈手套摘脱法

1. 一只手捏住另一只手的丁腈手套外部靠近手腕的部分，由内向外翻卷，直到里层全部露在外面，此时成功脱去一只丁腈手套。

2. 用戴着丁腈手套的手将已脱除的丁腈手套全部握在手里，将已脱除丁腈手套的一只手的两根手指从仍戴在另一支手上的丁腈手套袖口处塞入，脱除这只丁腈手套，使其里层完全暴露在外面，并将第一只丁腈手套则包裹在里面。

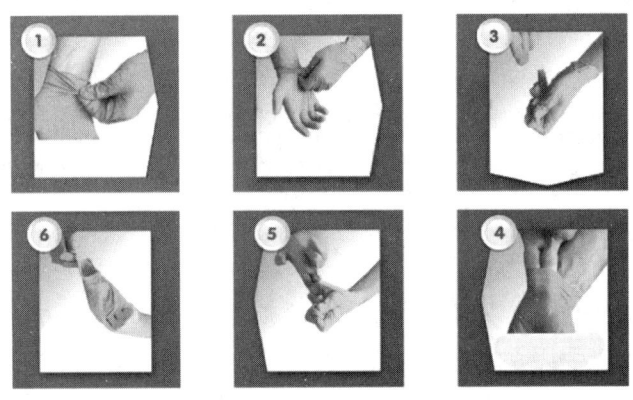

图 5-6 丁腈手套摘脱法

二、加压包扎止血法

1. 救护者做好防护措施，戴上手套。

2. 救护者快速检查伤病员伤口内有无异物，如有小的异物要先将异物取出。

3. 将干净的纱布块作为敷料覆盖到伤病员的伤口上，用手直接进行持续性的压迫止血。

4. 用创伤急救绷带或三角巾环绕敷料进行加压包扎。

5. 包扎完毕后，要注意检查伤病员的肢体末端血液循环，如果包扎过紧，影响血液循环，应重新进行包扎。

三、头顶帽式三角巾包扎法

1. 在伤口上盖敷料，将三角巾底边折叠约为一横指宽。
2. 将三角巾底边中央的1/3置于伤员前额齐眉处顶角向后。
3. 两底角经伤员耳上至头后枕骨下方，压住顶角左右交叉，再经耳上绕回前额，于健侧眉弓上方打结。
4. 一手压住前额，另一手将顶角拉紧、折叠，掖入头后交叉处。

四、施压止血带止血法

1. 打开施压止血带，套在受伤的肢体位于伤口近心端的5~7厘米处，要避开关节。
2. 拉紧粘带并把它粘贴好，保证两根手指不能插入带子。
3. 拧转金属棒，放入固定槽。检查出血情况，通常以不继续出血作为标准。
4. 将剩余的带子穿过卡槽，锁定住封口。
5. 最后记录时间。

五、检查与保养

警用急救用品都有使用期限，需要在保质期内使用，要定期更换，以免失效。

思维拓展

一、知识链接

1. 请扫码学习《丁腈手套摘脱法实战应用视频》。

2. 请扫码学习《加压包扎止血法实战应用视频》。

3. 请扫码学习《头顶帽式三角巾包扎法实战应用视频》。

4. 请扫码学习《施压止血带止血法实战应用视频》。

二、随堂习题

1. 丁腈手套摘脱法采用什么顺序？
2. 创伤急救绷带上的内置支架在止血时起到什么作用？

能力测评

一、任务书
请以小组为单位,根据情境导入案例进行实战演练。

二、任务分组

区队		组号		指导老师	
组长		学号			
组员	姓名		学号	姓名	学号
任务分工					

三、情境考核方案

《警用急救包使用》情境考核方案

【考核目标】

在学生熟练掌握使用警用急救包的使用技能后，根据情境导入案例进行实战考核，提升学生的实战运用能力，在模拟情境中培养"应急多面手"能力。

【考核内容】

1. 丁腈手套摘脱法与加压包扎止血法。
2. 头顶帽式三角巾包扎法与施压止血带止血法。

《警用急救包使用》情境考核评分表

处置小组：　　　　　考核组：　　　　　考核时间：

一级指标	二级指标	学生互评	任课教师	总评
种类（20分）	普通型包括种类（10分）			
	战术款包括种类（10分）			
丁腈手套摘脱法（20分）	时间效率（10分）			
	规范使用（10分）			
加压包扎止血法（20分）	时间效率（10分）			
	规范使用（10分）			
头顶帽式三角巾包扎法（20分）	时间效率（10分）			
	规范使用（10分）			
施压止血带止血法（20分）	时间效率（10分）			
	规范使用（10分）			
合计（100分）				

学习任务四　警用便携式破窗器使用

学习目标

知识目标：熟悉警用便携式破窗器的结构、功能。
能力目标：掌握警用便携式破窗器使用的能力。
素养目标：培养依法、安全使用装备的意识。

情境导入

情境导入一：2008年7月，某省监狱生产劳动现场，罪犯刘某利用监狱厂区厂房建设，有外来特种车辆在监内作业的条件，趁机冲上吊车，反锁驾驶室，并驾车企图冲撞大门潜逃，车辆受阻无法行驶后，刘某仍负隅顽抗拒绝下车，监狱民警利用警用便携式破窗器将钢化玻璃击碎后将其控制。

情境导入二：2023年5月，某区人民法院在对一辆小轿车进行强制执行时，被执行人拒不配合，坐在车内并将车门反锁，经司法警察耐心劝导，警告无效后，采用警用便携式破窗器实施强制破窗，将被执行人带离车辆后，依法将该车辆执行到位。

基本知识

警用便携式破窗器是用于破除车窗钢化玻璃的专用装备，车窗钢化玻璃不同于普通玻璃，其侧窗的抗压强度高达200MPA，用传统手段打破较为困难，原因是打击物单位面积内造成的压强不足以超过玻璃的净强度，而破窗器的作用则不同，通过高强度击针和蓄力弹簧，可使得击针尖端的压强轻松超过300MPA，从而迅速打穿玻璃。

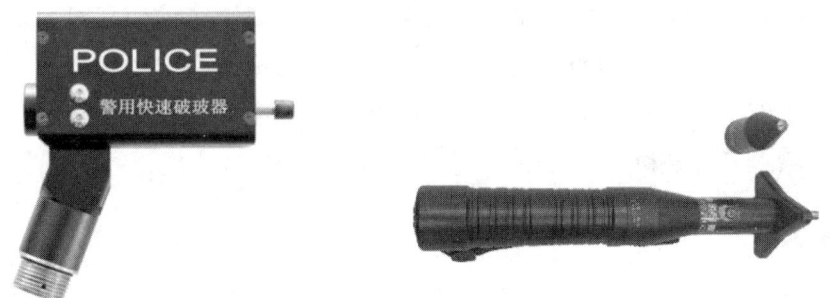

图5-7　警用便携式破窗器

一、种类

警用破窗器门类繁多，主要有手动弹簧击发、电动击发、压缩二氧化碳击发三大种击发方式。外壳采用航空铝合金材质打造，整体由高强度击针和蓄力弹簧组成。根据实战需要可分为便携式（又称手握式）、集成式（集成在其他警械上，如警棍）、战术式（具有长手柄），本教材主要介绍警用便携式破窗器。

二、作用

以警用便携式破窗器为例，使用时取下保护帽，使击针垂直对准目标玻璃中心位置用力下压，弹簧蓄力后击针击发将玻璃击碎。

三、检查与保养

检查警用便携式破窗器击针是否完好，蓄力弹簧是否有效，是否超过使用寿命导致击力不足，平时置于干燥处保存。

基本技能

一、持握

将警用便携式破窗器保护盖拧下，置于强手掌心位置，五指牢固抓握，击针朝向目标。

二、使用

（一）戒备与警告

1. 与目标车辆保持安全距离，并观察车内情况和驾驶员举动，并尝试用手拉车门，确认车门是否反锁，当驾驶员拒绝脱离目标车辆配合人民警察执法时，将警用便携式破窗器取出置于手中，准备破窗。

2. 实施破窗前要发出警告，警告可以贯穿整个破窗过程，常用的警告语有："打开车门，否则我们将强行破窗"，并发出"双手抱头闭眼，以免玻璃伤害"等指令。

（二）击发与破除

1. 在确保自身和队友安全的前提下，迅速接近目标车辆，强手持握警用便携式破窗器，将击针垂直对准车辆驾驶侧窗玻璃正中心位置，均匀施力按压，直至击针击发将玻璃打碎。

2. 警用便携式破窗器击发后，车窗玻璃将碎裂成网状，人民警察需要迅速取出警棍，将棍头插入车窗破损处，用力下拉，扩大破面，将整块玻璃破除。

3. 使用警用便携式破窗器时击发与破除的时间间隔要尽可能短，因为警用便携式破窗器击发后，车窗玻璃会碎裂成网状但不会分散掉落，仍以整体状态续存，但此时裂痕会阻挡视线，使得破窗警察失去对车内人员的视觉监控，因此，在破窗实施前，最好在车辆前挡风玻璃处盖上"警察执法，请您配合"的告知遮光布。

思维拓展

一、知识链接

请扫码学习《警用便携式破窗器实战应用视频》。

二、随堂习题

1. 警用便携式破窗器如何发生作用？
2. 使用警用便携式破窗器前需要满足哪些条件？

能力测评

一、任务书

请以小组为单位,根据情境导入案例进行实战演练。

二、任务分组

区队		组号		指导老师	
组长		学号			
组员	姓名	学号	姓名	学号	
任务分工					

三、情境考核方案

《警用便携式破窗器使用》情境考核方案

【考核目标】

在学生熟练掌握警用便携式破窗器使用技能后,根据情境导入案例进行实战考核,提升学生的实战运用能力

【考核内容】

1. 考察警用便携式破窗器使用技能。
2. 考察安全破窗的战术站位及实战应用。

《警用便携式破窗器使用》情境考核评分表

处置小组：　　　　　考核组：　　　　　考核时间：

一级指标	二级指标	学生互评	任课教师	总评
基本知识（20分）	种类（10分）			
	作用（10分）			
战术站位（20分）	戒备（10分）			
	警告（10分）			
实战运用（60分）	击发位置（20分）			
	配合使用（20分）			
	破窗后清障（20分）			
合计（100分）				

警械与武器使用

学习任务五　破拆组合工具使用

学习目标

知识目标：熟悉破拆组合工具的种类、作用。

能力目标：掌握破拆组合工具的使用能力。

素养目标：培养准确、安全、有效使用装备的意识。

情境导入

情境导入一：2018 年 7 月，某省监狱生活现场，现场执勤民警组织罪犯集合出工，罪犯吕某利用打扫卫生间隙将门锁上，并在锁芯处插入牙签破坏钥匙，随后利用裤子做绳结挂窗栏准备自杀。指挥中心监控发现异常后，通知现场执勤民警，并指令特警队携带破拆组合工具赶到现场破门解救吕犯。

情境导入二：2018 年 3 月，某市司法警察在协助强制执行一处房屋时，被执行人拒不开门，在劝说未果的情况下，司法警察使用破拆组合工具依法对该房屋防盗门进行强制破拆。

基本知识

破拆组合工具主要用于消防救援和人民警察队伍执法、清障等。包括剪钳、钳形扩张器等，本教材重点介绍人民警察执法清障破门的手动破拆工具和 SAN 电动液压破拆工具。

一、手动破拆工具

主要有迷你撞锤、锋利折弯机、大海里根铁铤、小海里根铁铤等工具组成。

1. 迷你撞锤。具有高冲击力的破门撞击工具，前面是一个锥形面凸锤头，头部突出 2cm，扩大了撞击面，不管攻角在哪里，都能保证最大力的传输，同时它又带有铰链罩和防滑把手，减少了受伤的危险。

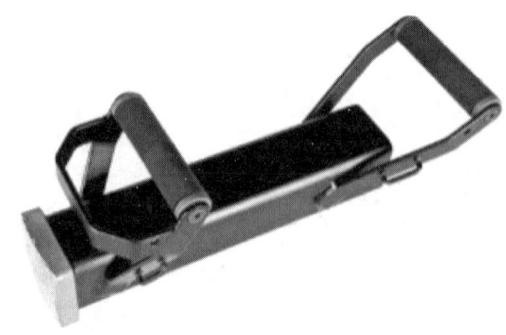

图 5-8　迷你撞锤

迷你撞锤性能参数

重量	9kg
长	34cm
宽	7.5cm
高	7.5cm

2. 锋利折弯机。锋利折弯机能撬开加固门的安全板，能将门的安全防护边板撬开。它能配合大海里根铁铤和小海里根铁铤一起使用。操作方式主要是利用螺栓操作开、合。

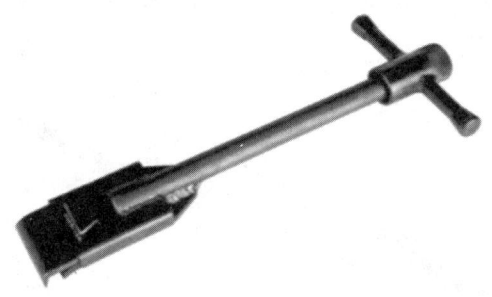

图 5-9　锋利折弯机

锋利拆弯机性能参数

净重	3kg
宽	7cm
厚	2cm
闭合长度	44cm
净重	3kg
扩开长度	47cm

3. 小海里根铁铤。小海里根铁铤由极度坚韧的4130钢管构成，便于握紧，顶端是一个传统的爪形头。是根据70.358厘米杠杆原理设计而成，能快速地撬开结实的内、外部防盗门。

图 5-10　小海里根铁铤

小海里根铁铤性能参数

重量	2.5kg
长	69cm
宽	18cm
厚	1cm

4.大海里根铁铤。大海里根铁铤由极度坚韧的 4130 钢管构成,根据 81.28 厘米杠杆原理设计而成,除了牵引齿、爪形头外还带一个扶手,可以多增一个附加杠杆,能够快速地撬开结实的内、外部防盗门。

图 5-11　大海里根铁铤

大海里根铁铤性能参数

重量	4kg
长	81cm
厚	1cm
高	6cm

二、SAN 电动液压破拆工具

主要有直角扩张器、剪钳、钳形扩张器、液压泵等工具组成。

SAN 电动液压破拆工具可以单警独立操作完成破拆战术动作的产品,全套工具组总重量 20 公斤,直角扩张器和钳形扩张器力量达 6.3 吨、剪钳切削力达 23 吨,可对最小 1.5 毫米的缝隙进行扩张,工作噪音不大于 55 分贝。破门扩张头能够 360 度调整支撑角度。该套装与手动破拆工具协同配合作业时,能够大幅提升破拆的效率,增加安全性。

图 5-12　SAN 电动液压破拆工具

基本技能

人民警察在执行入屋行动时要先确定该房门的类型以及朝向，常见有外开门、内开门，还有卷闸门、拉闸门、栅栏门、推拉门等。

本教材主要以介绍手动破拆工具对内开防盗门的破拆为主。在使用手动破拆工具时需要 2~3 名人民警察配合分工，每人确保要佩戴手套及护目镜。

1. 将小海里根铁铤头放入防盗门下沿门缝处定位。
2. 再使用迷你撞锤将小海里根铁铤头撞击到门缝深处。
3. 小海里根铁铤运用杠杆原理使门的结构发生物理性变化后将防盗门门缝扩张到最大限度。
4. 再插入大海里根铁铤使防盗门门缝错位更大。
5. 按照定位、扩张、错位使防盗门门缝从无缝变小缝，小缝变大缝直到完全将防盗门门锁撬开。

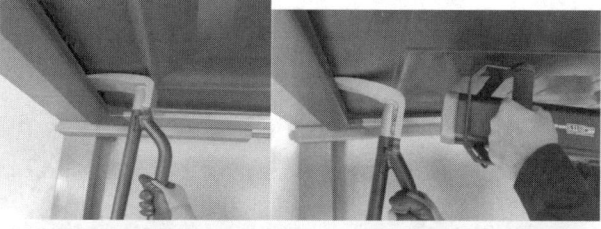
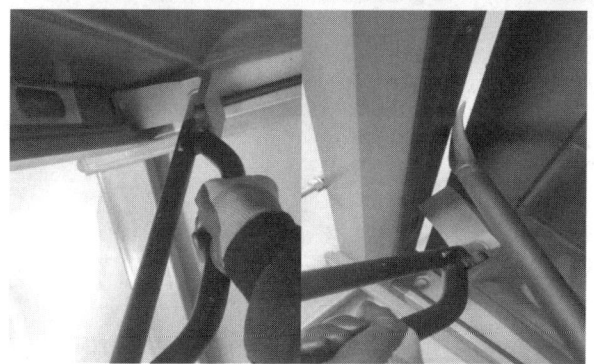

图 5-13　手动破拆工具对内开防盗门的破拆

思维拓展

随堂习题

1. 对防盗门进行破拆时要使用工具进行扩张?
2. 对防盗门进行破拆时,主要的顺序是什么?

能力测评

一、任务书
请以小组为单位,根据情境导入案例进行实战演练。

二、任务分组

区队		组号		指导老师	
组长		学号			
组员	姓名	学号	姓名	学号	
任务分工					

三、情境考核方案

《破拆组合工具使用》情境考核方案

【考核目标】

在学生熟练掌握使用破拆组合工具的使用技能后，根据情境导入案例进行实战考核，提升学生的实战运用能力。

【考核内容】

1. 全面考察学生对破拆技能的掌握程度。
2. 考察破拆工具的持握站位、工具选择以及团队的分工协作。

《破拆组合工具使用》情境考核评分表

处置小组：　　　　考核组：　　　　考核时间：

一级指标	二级指标	学生互评	任课教师	总评
观察及制定战术（30分）	判明门锁类型（15分）			
	准确选用工具（15分）			
持握与站位（30分）	合理持握（15分）			
	安全站位（15分）			
破拆实施（40分）	时间效率（20分）			
	最小损毁原则（20分）			
合计（100分）				

专题学习六　警用武器使用

思政引领

习近平总书记强调："要严格规范公正文明执法。"能不能做到严格规范公正文明执法，事关人民群众切身利益，事关党和政府法治形象。党的十八大报告明确提出，要推进依法行政，切实做到严格规范公正文明执法。人民警察严格规范使用武器进行警情处置，是每一名人民警察必备的职业素养，这就要求人民警察必须具备依法、安全、规范、有效使用警用武器的能力。

内容概要

本专题主要介绍人民警察使用警用武器的基础理论、基本常识、战术基础动作、应用射击等，熟悉掌握警用武器的性能结构及使用方法。提升警用武器使用的法律素养和实战技能，确保在处置严重危害公共安全的暴力犯罪中，能依法、准确、安全、规范、合理、有效使用警用武器及时制止、震慑犯罪。

学习任务一　基础理论

学习目标

知识目标：了解警用武器的基本概念、种类；熟知警用武器使用的原则和法律规定。

能力目标：掌握依法规范使用警用武器开展应急处置的警务实战能力。

素养目标：严格按照规定管理使用警用武器，确保依法履职尽责牢固树立执法规范意识、程序意识，培养规范执法的良好素养。

情境导入

情境导入一：2021年10月，某省监狱发生在押外籍罪犯朱某越狱脱逃事件，监狱立即启动应急预案组织警力追捕，该监狱周边有大面积山地丘陵，地貌较为复杂，追捕民警携带警用武器进行搜查抓捕，请问该监狱民警携带警用武器的依据是什么？发现逃犯朱某后能否开枪射击？

情境导入二：2019年3月，某市中级人民法院执行死刑执行任务，司法警察将死刑罪犯押解到刑场时，该罪犯家属驾车尾随至刑场门口，多名罪犯家属欲强行冲入刑场要求再次会见罪犯，现场警戒司法警察口头劝阻无效后，采取鸣枪示警，鸣枪警告后，罪犯家属放弃冲击，退出刑场警戒区域。请问司法警察能否使用警用武器进行制止？制止后如何进行现场处置？

基本知识

一、警用武器概念

武器，又称为兵器，是直接用于杀伤有生力量和破坏军事设施的器械与装置的统称。武器通常是用于攻击的工具，也被用来威慑和防御。

警用武器是特定的专门术语，是人民警察在执法过程中为了有效打击或控制犯罪行为人的具有杀伤威力的武器。根据《中华人民共和国人民警察使用警械和武器条例》第3条规定："……所称武器，是指人民警察按照规定装备的枪支、弹药等致命性警用武器。"

二、警用武器的种类

警用武器种类很多，从目前装备的警用武器来看主要有以下几类：

1. 手枪。手枪是以单（双）手射击为主要方式的短小枪械，主要用于在50米距离内打击犯罪分子和自卫。手枪的特点是短小轻便、隐蔽性强、快速开火、杀伤效果好。

2. 步枪。步枪是单兵肩射式长管枪械类武器装备的统称。可分为自动、半自动步枪，突击步枪和狙击步枪。步枪对400米距离内目标进行精准射击效果最好，特别是狙击步枪，射击精度高、准确性强，其有效射程可达1000米以上。

3. 冲锋枪。冲锋枪又称短机枪，是双手持握使用、可连续发射子弹且近距离火力猛烈的全自动枪械的总称。实战中冲锋枪主要用于近战和冲击作战，它能够以其密集的火力射击200米距离内的有生目标。冲锋枪的特点是可以连发连击，火力猛烈，便于突然行动开火。

三、警用武器使用的原则

人民警察使用警用武器应当以有效制止暴力犯罪行为为目的，震慑犯罪分子，尽量减少人员伤亡、财产损失为原则。

1. 依法依规。依法依规使用警用武器是人民警察在使用警用武器时必须遵守的首要原则，是指人民警察必须依照《中华人民共和国人民警察使用警械和武器条例》《人民法院司法警察佩带使用枪支办法》《司法行政机关公务用枪管理规定》等法律法规的规定使用武器。人民警察依法使用警用武器的行为是履行警察职责的必要保障，是国家赋予人民警察的专项权力，这种权力的实施必须在法律法规授权的范围内依法使用，法律法规没有授权的，就不能使用，更不能使用警用武器从事非警务活动。

人民警察合法使用警用武器的行为受法律保护，对因此造成的人员伤亡或者财产损失，不承担法律责任。如果违反国家法律法规的授权，违法使用警用武器将承担相应的法律、行政责任。

2. 及时准确。人民警察经常面临需要紧急处置的重大而危险的各种违法犯罪行为，在处置过程中必须作出及时准确反应。因为使用警用武器处置，属于非常措施和特殊办法，直接关系到公民、社会组织的切身利益甚至生命，这就要求人民警察在处置上必须遵循及时准确的原则。《中华人民共和国人民警察法》第 21 条第 1 款规定："人民警察遇到公民人身、财产安全受到侵犯或者处于其他危难情形，应当立即救助……"《中华人民共和国人民警察使用警械和武器条例》第 9 条规定："人民警察判明有下列暴力犯罪行为的紧急情形之一，经警告无效的，可以使用武器……人民警察依照前款规定使用武器，来不及警告或者警告后可能导致更为严重危害后果的，可以直接使用武器。"

人民警察应当快速准确判明犯罪行为人及其正在实施的暴力犯罪行为，并确认是否符合法律法规规定的使用警用武器的条件，在使用其他手段不能制止时，应及时使用武器，快速制止暴力犯罪行为，保护公民的人身安全和财产安全。

3. 安全规范。安全与规范相互依存，从理念到行为，安全是人民警察执法规范的前提，规范是人民警察执法安全的保障。人民警察在执法中使用警用武器要做到安全，就必须进行规范的武器操作训练考核，并对人民警察实施"公务持枪证"资格考评。获得"公务持枪证"的人民警察要实行证件年检年审制，确保人民警察在心理、技能、理论法规三个方面都符合规定。人民警察在警用武器使用中，最为重要的是确保"人身安全"。这里的人身安全包括警察的人身安全、执法对象的人身安全以及人民群众的人身安全。为达到这个目的，从意识到行为、从技术到战术、从基本操作到实战应用，都必须遵循安全与规范。

4. 适度有效。在警用武器使用过程中，人民警察必须首先树立执法为民的理念，要做到文明执法，在程序、时间、具体行为等方面必须符合法律法规和条例的规定与要求。《中华人民共和国人民警察使用警械和武器条例》第 4 条规定："人民警察使用警械和武器，应当以制止违法犯罪行为，尽量减少人员伤亡、财产损失为原则。"这是对人民警察使用警用武器在适度上的要求，使用警用武器应当以制止暴力犯罪行为为目的，当犯罪行为被制止或停止时，应当立即停止射击；尽量减少犯罪行为人的伤亡，最大限度地避免伤及无关人员。《人民法院司法警察佩带使用枪支办法》第 4 条规定："人民法院司法警察使用枪支，应当以制止暴力犯罪行为，震慑犯罪分子，尽量减少人员伤亡、财产损失为原则。"这是对人民警察使用警用武器在适度上的要求，使用警用武器应当以制止暴力犯罪行为为目的,当犯罪行为被制止或停止时,应当立即停止射击;尽量减少犯罪行为人的伤亡,最大限度地避免伤及无关人员。

四、警用武器使用的法律规定

人民警察担负着维护国家安全,维护社会治安秩序,保护公民的人身安全、人身自由和合法财产,保护公共财产,预防、制止和惩治违法犯罪活动的重要任务,其基本职能之一,就是依法同各种犯罪行为和其他危害社会的不法行为作斗争。依法装备并使用警用武器,是国家赋予人民警察的一项特别权力,是其武装性质的集中体现,也是借以实现国家强制力的必要手段。人民警察使用警用武器是人民警察执行公务的必要手段和保障条件,而且其本身就是行使职权的职务行为,《中华人民共和国人民警察法》将人民警察使用警用武器明确规定为人民警察的职权。《中华人民共和国人民警察使用警械和武器条例》第2条规定:"人民警察制止违法犯罪行为,可以采取强制手段;根据需要,可以依照本条例的规定使用警械;使用警械不能制止,或者不使用武器制止,可能发生严重危害后果的,可以依照本条例的规定使用武器。"

(一)警用武器使用的主体条件

1. 监狱佩带警用武器的主体。《司法行政机关公务用枪管理规定》第2条规定:"配枪单位,是指司法行政机关监狱管理、戒毒管理等部门和监狱、强制隔离戒毒所。配枪人员,是指配枪单位依法履行刑罚执行、狱政管理、狱内侦查、教育改造和所政管理、警戒护卫、教育戒治等职责,确有必要使用枪支,并获准核发《中华人民共和国公务用枪持枪证》的人民警察。"

2. 人民法院佩带警用武器的主体。《人民法院司法警察佩带使用枪支办法》第3条规定:"司法警察,是指获准核发《中华人民共和国公务用枪持枪证》的在职人民法院司法警察。人民法院司法警察是人民法院唯一具有公务用枪佩带、使用资格的人员。"

(二)警用武器佩带规定

1. 监狱人民警察佩带警用武器的规定。《司法行政机关公务用枪管理规定》第20条规定:"配枪人员执行下列公务时,经配枪单位分管领导批准,可以领取、持有公务用枪及相关证件,公务完成后应当立即归还:(一)追捕脱逃罪犯和追找脱逃戒毒人员的;(二)押解罪犯和遣送戒毒人员的;(三)制止监狱、戒毒场所内行凶、骚乱、暴动等紧急事件的;(四)处置危及监狱、戒毒场所安全的严重事件的;(五)押运枪支弹药的;(六)参加应急演习和射击训练的;(七)执行其他特殊任务的。"

2. 人民法院司法警察佩带警用武器的规定。《人民法院司法警察佩带使用枪支办法》第6条第1款规定:"司法警察在执行下列任务时,应当佩带枪支:(一)重大刑事案件提讯、庭审、宣判(含远程视频提讯、庭审、宣判)中的押解、看管、值庭;(二)执行死刑;(三)处置危及人民法院安全的暴力、恐怖突发事件;(四)法律法规和最高人民法院规定的应当佩带枪支的其他情形。"

第6条第2款规定:"司法警察在执行下列任务时,经部门负责人批准,可以佩带枪支：(一) 当事人人身危险性较大或者其他安全风险较大案件的警务保障；(二) 执行拘传、拘留等强制措施；(三) 在人民法院重点区域执勤；(四) 法律法规和最高人民法院规定的可以佩带枪支的其他情形。"

(三) 警用武器佩带要求

1. 监狱人民警察佩带警用武器的要求。《司法行政机关公务用枪管理规定》第 21 条规定："配枪人员携带枪支时，必须携带持枪证件。公安机关依法查验时，配枪人员应当主动配合。"第 22 条规定，配枪人员持枪必须遵守下列规定：(一) 贴身佩带枪支，严防被抢、被盗、丢失；(二) 严禁携带枪支进入禁止携带枪支的区域、场所；(三) 严禁携带枪支单人进入罪犯监管区和戒毒管理区；(四) 严禁携带枪支饮酒、进入公共场所或探亲访友；(五) 严禁在非指定靶场进行射击训练；(六) 严禁随意鸣枪、枪口对人或用枪狩猎；(七) 严禁在办公室、家中存放枪支或交由他人保管；(八) 严禁出租、出借或私自调换枪支；(九) 严禁私自修理枪支或更换枪支零部件；(十) 其他相关规定。"

2. 人民法院司法警察佩带警用武器的要求。《人民法院司法警察佩带使用枪支办法》第 8 条规定："司法警察应当按照下列规定佩带枪支：(一) 枪不离人，枪弹分离 (可由一人携带)；(二) 子弹未上膛时，打开枪支保险，子弹上膛时，关闭枪支保险；(三) 着警服佩带手枪时，应当使用制式枪套、枪纲；(四) 着便装佩带手枪时，应当选用便携式枪套；(五) 着警服佩带长枪时，应当使用制式枪背带采取肩枪、背枪或者拎枪方式。"第 9 条规定："司法警察佩带枪支，应当遵守下列规定：(一) 携带人民警察证、持枪证、枪证；(二) 非因执行任务外，不得进入娱乐场所；(三) 严禁饮酒或者酒后带枪；(四) 严禁参加非警务活动；(五) 枪支丢失、被盗抢或者发生其他事故，应当立即向所属司法警察部门、事发地公安机关报告；(六) 法律法规和最高人民法院作出的其他规定。"

(四) 警用武器使用程序

人民警察在执行任务时，遇有暴力犯罪行为，应当根据现场情况和危险程度，及时选择采取持枪戒备、出枪警示、鸣枪警告、开枪射击措施，有效预防、制止犯罪行为，最大限度地避免人员伤亡。

1. 持枪戒备。人民警察判断可能发生暴力犯罪行为的，应当及时持枪戒备，采取相应的戒备状态，枪弹结合，并将枪口指向安全方向。

2. 出枪警示。人民警察发现犯罪行为人准备实施暴力犯罪行为的，应当出枪警示，迅速表明警察身份，并将枪口指向犯罪行为人。同时，命令犯罪行为人立即停止实施暴力犯罪行为，并口头警告其拒不服从命令的后果。出枪警示时，应当子弹上膛，打开保险。抠压枪支扳机的手指置于扳机护圈外，与犯罪行为人保持一定距离，并采取有效措施，防止枪支走火或者被抢。

3. 鸣枪警告。人民警察在现场处置准备或者正在实施的暴力犯罪行为，经口头警告无效的，可以视情况鸣枪警告；来不及口头警告的，可以直接鸣枪警告。

4. 开枪射击。人民警察判明现场有暴力犯罪行为的紧急情形时，经口头警告或者鸣枪警告无效的,可以开枪射击。来不及警告或者警告后可能导致更为严重危害后果的,可以直接开枪射击。

(五) 使用警用武器的情形

警用武器使用是人民警察履行职责中使用的最高形式的强制性手段,具有直接的杀伤性,可以致犯罪嫌疑人伤残或死亡,因此,人民警察使用警用武器的情形必须是危害特别严重的暴力侵害行为。且经口头警告或者鸣枪警告无效的,可以开枪射击。来不及警告或者警告后可能导致更为严重危害后果的,可以直接开枪射击。

1. 《中华人民共和国监狱法》关于使用警用武器的规定。《中华人民共和国监狱法》第46条规定:"人民警察和人民武装警察部队的执勤人员遇有下列情形之一,非使用武器不能制止的,按照国家有关规定,可以使用武器:(一)罪犯聚众骚乱、暴乱的;(二)罪犯脱逃或者拒捕的;(三)罪犯持有凶器或者其他危险物,正在行凶或者破坏,危及他人生命、财产安全的;(四)劫夺罪犯的;(五)罪犯抢夺武器的。使用武器的人员,应当按照国家有关规定报告情况。"

2. 《中华人民共和国人民警察使用警械和武器条例》关于使用警用武器的规定。《中华人民共和国人民警察使用警械和武器条例》第9条第1款规定:"人民警察判明有下列暴力犯罪行为的紧急情形之一,经警告无效的,可以使用武器:(一)放火、决水、爆炸等严重危害公共安全的;(二)劫持航空器、船舰、火车、机动车或者驾驶车、船等机动交通工具,故意危害公共安全的;(三)抢夺、抢劫枪支弹药、爆炸、剧毒等危险物品,严重危害公共安全的;(四)使用枪支、爆炸、剧毒等危险物品实施犯罪或者以使用枪支、爆炸、剧毒等危险物品相威胁实施犯罪的;(五)破坏军事、通讯、交通、能源、防险等重要设施,足以对公共安全造成严重、紧迫危险的;(六)实施凶杀、劫持人质等暴力行为,危及公民生命安全的;(七)国家规定的警卫、守卫、警戒的对象和目标受到暴力袭击、破坏或者有受到暴力袭击、破坏的紧迫危险的;(八)结伙抢劫或者持械抢劫公私财物的;(九)聚众械斗、暴乱等严重破坏社会治安秩序,用其他方法不能制止的;(十)以暴力方法抗拒或者阻碍人民警察依法履行职责或者暴力袭击人民警察,危及人民警察生命安全的;(十一)在押人犯、罪犯聚众骚乱、暴乱、行凶或者脱逃的;(十二)劫夺在押人犯、罪犯的;(十三)实施放火、决水、爆炸、凶杀、抢劫或者其他严重暴力犯罪行为后拒捕、逃跑的;(十四)犯罪分子携带枪支、爆炸、剧毒等危险物品拒捕、逃跑的;(十五)法律、行政法规规定可以使用武器的其他情形。"

3. 《人民法院司法警察佩带使用枪支办法》关于使用警用武器的规定。司法警察判明有下列暴力犯罪行为的紧急情形之一,经口头警告或者鸣枪警告无效的,可以开枪射击。来不及警告或者警告后可能导致更为严重危害后果的,可以直接开枪射击。

(1) 刑事案件警务保障中,遇有拦截囚车,劫夺被告人、罪犯,暴力袭警,行凶、脱逃等情况,非使用枪支不能制止的。

(2) 执行死刑中,遇有劫夺罪犯,暴力袭警,行凶、脱逃的。

(3) 暴力冲击法庭、伤害诉讼参与人及旁听人员,造成人员伤亡,非使用枪支不能制止的。

(4) 人民法院发生暴力、恐怖突发事件,危及人身安全,非使用枪支难以处置的。

(5) 抢夺人民法院枪支弹药的。

(6) 以暴力方法抗拒或者阻碍司法警察依法履行职责或者暴力袭击司法警察,危及司法警察生命安全的。

(7) 带枪应急戒备中出现严重安全危机,非使用枪支难以制止平息的。

(8) 法律法规和最高人民法院规定的可以开枪射击的其他情形。

(六) 不得使用警用武器的情形

根据《中华人民共和国人民警察使用警械和武器条例》第10条规定:"人民警察遇有下列情形之一的,不得使用武器:(一) 发现实施犯罪的人为怀孕妇女、儿童的,但是使用枪支、爆炸、剧毒等危险物品实施暴力犯罪的除外;(二) 犯罪分子处于群众聚集的场所或者存放大量易燃、易爆、剧毒、放射性等危险物品的场所的,但是不使用武器予以制止,将发生更为严重危害后果的除外。"

根据《人民法院司法警察佩带使用枪支办法》第17条规定:"司法警察遇有下列情形之一的,不得鸣枪警告、开枪射击:(一) 实施犯罪的人为怀孕妇女、儿童的,但是使用枪支、爆炸物、剧毒物等危险物品实施暴力犯罪的除外;(二) 实施犯罪的人处在人群密集的场所或者存放大量易燃、易爆、剧毒、放射性等危险物品的场所的,但是不使用枪支制止将发生更为严重后果的除外;(三) 处置表达具体诉求的群体性事件的,但是遇有严重暴力犯罪行为的除外。"

(七) 停止使用警用武器的情形

人民警察使用警用武器后,如果出现不需要使用警用武器的情形,应当立即停止使用警用武器。根据《中华人民共和国人民警察使用警械和武器条例》第11条规定:"人民警察遇有下列情形之一的,应当立即停止使用武器:(一) 犯罪分子停止实施犯罪,服从人民警察命令的;(二) 犯罪分子失去继续实施犯罪能力的。"

根据《人民法院司法警察佩带使用枪支办法》第15条规定:"司法警察开枪射击时,应当命令在场无关人员躲避,避免受到伤害。犯罪行为人停止实施暴力犯罪行为,或者失去继续实施暴力犯罪能力的,应当立即停止射击,在确认危险消除后,及时关闭枪支保险,恢复佩带枪支状态。"

停止实施犯罪,是指犯罪分子在实施犯罪过程中,主动停止或者由于意志以外的原因停止实施犯罪行为的。失去继续实施犯罪能力,是指犯罪分子丧失继续实施犯罪、拒捕、逃跑的能力。

(八) 警用武器使用后的处置

1. 现场处置。根据《中华人民共和国人民警察使用警械和武器条例》第12条第1款规定:"人民警察使用武器造成犯罪分子或者无辜人员伤亡的,应当及时抢救受伤人员,保护现场,并立即向当地公安机关或者该人民警察所属机关报告。"

《人民法院司法警察佩带使用枪支办法》第16条规定:"司法警察使用枪支后,应当立即向所属司法警察部门负责人口头报告,并在二十四小时内,提交书面报告。"第19条规定:"司法警察开枪造成人员伤亡的,人民法院应当按照下列程序处理:(一)通知事发地人民检察院、公安机关;(二)派出人员保护现场、维护秩序、保留证据;(三)通知医疗单位对受伤人员紧急救治;(四)协助有关单位开展调查工作;(五)向当地党委、政府及上级法院报告,组织做好善后处理、舆情引导工作。"

2. 书面报告及内容。根据《中华人民共和国人民警察使用警械和武器条例》第13条规定:"人民警察使用武器的,应当将使用武器的情况如实向所属机关书面报告。"

《人民法院司法警察佩带使用枪支办法》第18条规定:"司法警察部门接到使用枪支的口头报告后,应当立即报告所属人民法院负责人。人民法院会同有关单位对使用枪支案(事)件进行调查了解。对鸣枪警告、开枪射击的,应当进行调查验证并形成卷宗。"

五、警用武器使用法律责任

人民警察使用警用武器的法律责任属于特定的法律责任,这种法律责任的主体是人民警察,是人民警察由于违法使用警用武器造成不应有的伤亡、损失,或者人民警察依法使用警用武器造成无辜人员伤亡、财产损失而承担的法律责任。

根据《中华人民共和国人民警察使用警械和武器条例》第14条规定:"人民警察违法使用警械、武器,造成不应有的人员伤亡、财产损失,构成犯罪的,依法追究刑事责任;尚不构成犯罪的,依法给予行政处分;对受到伤亡或者财产损失的人员,由该人员警察所属机关依照《中华人民共和国国家赔偿法》的有关规定给予赔偿。"第15条规定:"人民警察依法使用警械、武器,造成无辜人员伤亡或者财产损失的,由该人民警察所属机关参照《中华人民共和国国家赔偿法》的有关规定给予补偿。"

思维拓展

一、随堂习题
1. 警用武器使用的原则有哪些?
2. 监狱人民警察什么情况下佩带警用武器?
3. 人民法院司法警察在什么情况下佩带警用武器?

二、法律依据
1. 《中华人民共和国监狱法》第46条。
2. 《中华人民共和国人民警察使用警械和武器条例》第2条、第3条、第4条、第9条、第11条、第12条、第13条。
3. 《司法行政机关公务用枪管理规定》第2条、第21条、第22条。
4. 《人民法院司法警察佩带使用枪支办法》第3条、第6条、第8条、第15条、第17条、第18条。

能力测评

一、任务书

请以小组为单位,根据情境导入案例进行实战演练。

二、任务分组

区队		组号		指导老师	
组长		学号			
组员	姓名		学号	姓名	学号
任务分工					

三、情境考核方案

《基础理论》情境考核方案

【考核目标】

在学生理解警用武器的基本概念、种类,熟知使用的原则和法律规定后,根据情境导入案例进行实战考核,提升学生依法运用警用武器开展应急处置的警务实战能力。

【考核内容】

1. 全面考察警用武器使用的能力。
2. 考察学生警用武器使用的原则。
3. 考察学生判断使用警用武器的条件。

《基础理论》情境考核评分表

处置小组:　　　　　　考核组:　　　　　　考核时间:

一级指标	二级指标	学生互评	任课教师	总评
使用的原则(20分)	依法依规、及时准确(10分)			
	安全规范、适度有效(10分)			
使用程序(20分)	持枪戒备、出枪警示(10分)			
	鸣枪警告、开枪射击(10分)			
使用情形(45分)	使用警用武器的情形(15分)			
	不得使用警用武器的情形(15分)			
	停止使用警用武器的情形(15分)			
使用法律责任(15分)	《中华人民共和国国家赔偿法》(15分)			
合计(100分)				

学习任务二　基本常识

学习目标

知识目标：熟悉常用警用武器和枪弹的种类、结构和性能；理解射击基本原理。

能力目标：能熟练、正确地进行常用警用武器的分解结合、维护保养。

素养目标：通过对常用警用武器分解结合，认识武器机械构造，培养精益求精的职业精神。

情境导入

情境导入一：2023年6月，某省监狱管理局组织全省监狱民警进行岗位大练兵比赛，其中一项"92式9mm手枪分解结合"是参赛民警出现失误最多的项目，主要的失误是在以时间为考核标准的激烈竞争下，出现了手枪套筒和套筒底座尾部没有对齐，导致未安装上挂机扳把的情况。还出现了拆卸复进机时，将联结座弹出数米远的情况，并有打到其他参赛民警对比赛现场秩序造成了影响等情况。

情境导入二：2023年9月，某省高级人民法院司法警察总队组织全省司法警察进行业务技能比武竞赛，该省某市司法警察支队在组织实弹射击训练，某司法警察在实弹射击训练过程中发生枪支故障，在未将故障枪支安全放置且食指未离开扳机的情况下，意欲转身询问安全员，安全员及时予以制止，并协助排除了枪支故障，有效避免了一场安全事故的发生。

基本知识

一、警用武器使用安全规则

警用武器使用应该以安全为前提，使用时必须严格遵守安全规则，安全而规范地使用警用武器是保证人民警察执法正常进行、减少不必要伤亡和走火事件发生的基础。严格遵守警用武器使用安全规则，是能够合法、合理、安全、有效使用警用武器的前提。

（一）枪口指向规则

枪口必须时刻指向安全的地方，除非依法判明达到使用武器的条件（在训练中得到教官的指令），否则不得将枪口随意指向目标人物。

（二）金手指规则

除了依法判明达到使用警用武器的条件并决定开枪时，要将手指放在扳机护圈外上部贴靠枪身，这是为了避免由于过度紧张而使得肌肉不自主收缩造成击发走火事故。

（三）枪械均已上膛规则

这条规则有两个要点，第一这里的枪械不仅指人们传统认识中的枪支，更是泛指所有类枪支型制的物体,包括模拟训练使用的教具枪、模型枪、玩具枪等。第二已上膛是指对于人民警察而言,无论是制式或是自制枪支,都具有致命性,且随时可以击发。这是从意识层面教育人民警察遇有枪型物时,必须严肃对待、妥善处置,不可掉以轻心、麻痹大意。

(四) 非明确不射击规则

非明确不射击规则也表述为目标及周围物体不明确切勿开枪,当遇有人流密集场所,无法完全剥离目标人物与其他群众时,不应当射击;当处于暗弱光线环境中,无法准确目视目标时,不应射击;当无法判明目标人物是否适用法律法规规定的符合开枪制止的情形时,不应当射击。

二、常用警用武器的种类、性能及结构

(一) 54 式 7.62mm 手枪

54 式 7.62mm 手枪是我国仿制苏联 TT 1930/1933 式手枪的产品,于 1954 年定型(如下图),至今仍装备于部队,是我国生产和装备量最大的手枪。54 式 7.62mm 手枪的自动方式采用枪管短后座式;闭锁方式采用枪管摆动式,保险装置为击锤保险,该枪还设有空仓挂机机构。54 式 7.62mm 手枪结构简单又结实,能适应各种恶劣环境,不容易因为一两次磕碰而损坏。

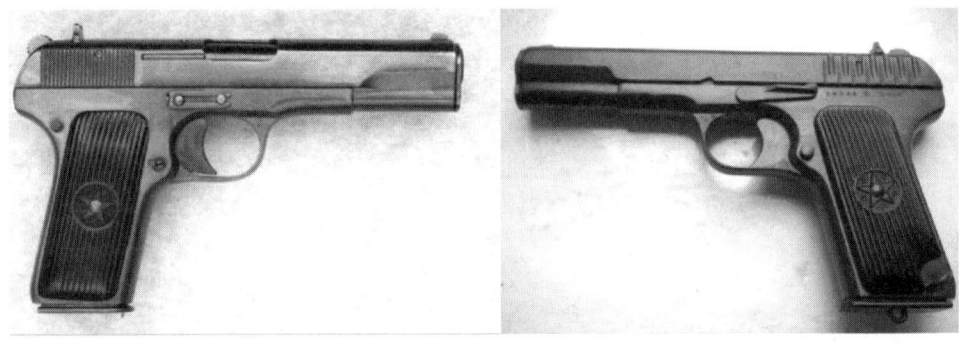

图 6-1　54 式 7.62mm 手枪

1. 性能。

(1) 有效射程:50m,弹头飞到 500m 距离仍有杀伤力。

(2) 弹头最大飞行距离:1630m。

(3) 实战射速:30 发/分钟。

(4) 使用弹种:51 式 7.62mm 手枪弹。

(5) 供弹方式:弹匣供弹。

(6) 弹头侵彻力:54 式 7.62mm 手枪使用 51 式 7.62mm 手枪弹,在 25m 的距离上,能射穿 3mm 厚的钢板;10cm 厚的木板;6cm 厚的砖墙;35cm 厚的土层。

(7) 最大装弹量:8 发。

2. 主要诸元。

54 式 7.62mm 手枪主要诸元

内容	单位	数量	特点
口径	mm	7.62	
初速度	m/s	420	
枪管寿命	发	约 3000	
空枪重量	kg	0.85	
满弹重量（8 发）	kg	1	
子弹重	g	10	
瞄准基线	mm	156	
枪管长	mm	116	
发射方式			单动
自动方式			枪管后退
闭锁方式			刚性闭锁、枪管摆动式

3. 结构。54 式 7.62mm 手枪由枪管、套筒、复进机、套筒座、击发机构和弹匣六大部分组成。

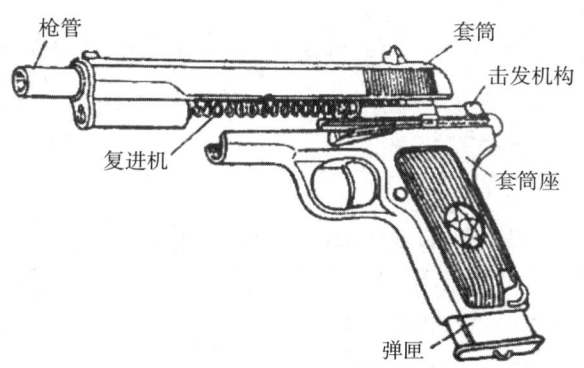

图 6-2　54 式 7.62mm 手枪结构

（二）64 式 7.62mm 手枪

64 式 7.62mm 手枪是我国自行设计制造的武器，具有射击精度好、体积小、重量轻、外形美观、便于携带等特点，但威力较小。由枪管、套筒、复进簧、套筒座、击发机构、弹匣等构成。采用自由枪机式自动方式，惯性闭锁机构，枪管固定。弹膛内刻有 4 条螺旋槽，用来增大抽壳阻力，减轻套筒后坐到位时的撞击，提高射击平稳性。采用击锤回转式击发机构、联动式发射机构，便于及时持枪射击。具有多重保险机构，套筒左后侧有手动保险柄，上抬至保险状态时，锁住击锤和套筒；射击时还有不到位保险、自动保险和射击保险机构，确保射击时的安全可靠。设有弹膛有弹指示器，弹膛内有弹时，套筒后端上方露出用手可摸到的白色凸起，昼夜均能辨识。空仓挂机时，将装有枪弹的弹匣插入，并向上拍击一下弹匣盖，弹匣回门机构即可使停在后方的套筒解脱复进，推弹入膛，闭锁待击，简化了操作程序。

图 6-3　64 式 7.62mm 手枪

1. 性能。

（1）有效射程：50m，弹头飞到 300m 距离仍有杀伤力。

（2）弹头最大飞行距离：1100m。

（3）实战射速：30 发/分钟。

（4）使用弹种：64 式 7.62mm 手枪弹。

（5）供弹方式：弹匣供弹。

（6）弹头侵彻力：64 式 7.62mm 手枪使用 64 式 7.62mm 手枪弹，在 25m 的距离上，能射穿 2mm 厚的钢板；7cm 厚的木板；4cm 厚的砖墙；25cm 厚的土层。

（7）最大装弹量：7 发。

2. 主要诸元。

64 式 7.62mm 手枪主要诸元

内容	单位	数量	特点
口径	mm	7.62	
初速度	m/s	300~320	
枪管寿命	发	约 1500	
空枪重量	kg	0.56	
满弹重量（7 发）	kg	0.62	
枪长、宽、高	mm	155×25×103	
瞄准基线	mm	117.2	
枪管长	mm	86.5	
发射方式			单动并有联动机构

续表

内容	单位	数量	特点
自动方式			枪机式后坐
闭锁方式			惯性闭锁机构、自由枪机式
击发方式			击锤回转式

3. 结构。64 式 7.62mm 手枪由枪管、套筒、复进簧、套筒座、击发机构和弹匣六大部分组成。

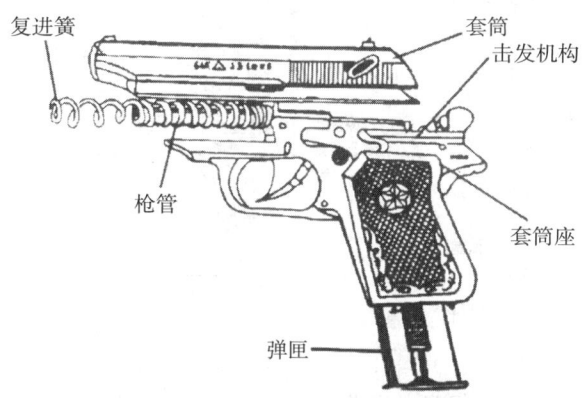

图 6-4　64 式 7.62mm 手枪结构

（三）92G 式 9mm 手枪

92G 式 9mm 手枪系我国自主研发的 92 式 9mm 手枪改进型。92 式 9mm 手枪于 1992 年由军方批准立项研制，1998 年设计定型，2002 年生产定型。2005 年军方因改用更大杀伤力的 92 式 5.8mm 小口径手枪，由此 92 式 9mm 手枪主要服务对象由军方变为警察，使用环境及使命随之发生了变化。公安机关人民警察在使用的过程当中陆续反映 92 式 9mm 手枪存在的问题，针对这些问题和加装电子标签及射击警用仿 9×19 巴拉贝鲁姆手枪弹的要求，研发机构在 92 式 9mm 手枪基础上进行了改进设计，改进的 92 式 9mm 手枪被命名为 92G 式 9mm 手枪，92G 式 9mm 手枪的主要战斗性能与 92 式 9mm 手枪相同。

图 6-5　92G 式 9mm 手枪

1. 性能。

(1) 有效射程：50m。

(2) 实战射速：40~50 发/分钟。

(3) 供弹方式：双排双进大容量弹匣供弹，弹匣容量为15 发，每支枪配备弹匣两个。

(4) 使用弹种：92 式 9mm 普通弹。

(5) 弹头侵彻力：在 50m 距离内能杀伤单个有生目标，击穿 1.3mm232 头盔钢板后，仍能击穿 50mm 厚的松木板。

(6) 最大杀伤距离：约 450m。

2. 主要诸元。

92G 式 9mm 手枪主要诸元

内容	单位	数量	特点
口径	mm	9	
初速度	m/s	350	
枪管寿命	发	约3000	
空枪重量	kg	0.76	
满弹重量（15 发）	kg	0.9445	
枪长、宽、高	mm	190×35×135	
弹头最大飞行距离	m	1100	
自动方式			枪管短后坐
闭锁方式			枪管回转
发射方式			半自动（可单动、连动）
击发方式			击锤回转式

3. 结构。92G 式 9mm 手枪主要由套筒座、发射机座、枪管、复进机、弹匣、套筒、瞄准装具等部件组成。

（四）79 式 7.62mm 轻型冲锋枪

79 式 7.62mm 轻型冲锋枪是我国自行设计的第一种轻型冲锋枪，具有结构简单、体积小、重量轻、精度好、近距离火力强、携带使用方便的特点。该枪自动方式采用导气式自动原理；采用枪机回转式刚性闭锁机构，回转式击锤和由快慢机控制单、连发的击发发射机构。

图 6-6 79 式 7.62mm 轻型冲锋枪

1. 性能。

(1) 有效射程：200m，对单个目标在 50m 内实施点射，在 100m 内实施单发射效果最好，集中火力可杀伤 200m 内的集团目标。

(2) 射击方式：主要射击方法是短点射（2~5 发）和单发射，必要时才实施长点射（6~10 发）。

(3) 使用弹种：51 式 7.62mm 手枪弹。

(4) 实战射速：单发 40 发/分钟；以 2~5 发短点射时 70~100 发/分钟。

(5) 供弹方式：弹匣供弹。

(6) 弹头侵彻力：子弹在 200m 的距离上能射穿 130mm 厚木板。

(7) 最大装弹量：20 发。

2. 主要诸元。

79 式 7.62mm 轻型冲锋枪主要诸元

内容	单位	数量	特点
口径	mm	7.62	
初速度	m/s	515	
枪管寿命	发	5000	
空枪重量	kg	1.9	
枪全长	mm	740（枪托打开） 470（枪托折叠）	
瞄准基线	mm	215	
枪管长	mm	250	
发射方式			半自动、自动
击发方式			击针击发

3. 结构。79 式 7.62mm 轻型冲锋枪由枪管、瞄准具、活塞、机匣、枪机、复进机、击发机构、弹匣和枪托九大部分组成。

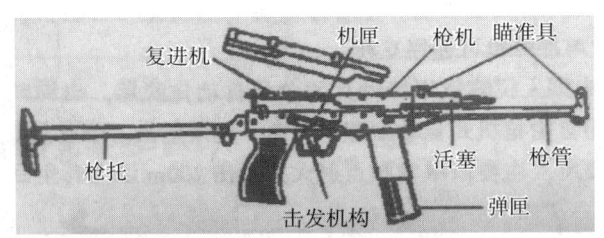

图 6-7　79 式轻型冲锋枪结构

（五）95 式 5.8mm 自动步枪

95 式 5.8mm 自动步枪是我国自行研制、生产定型的小口径自动步枪，该枪为无托式结构，稳定性好；精确度高，枪身较短，平衡性优良，杀伤力大，5.8mm 弹药可在 100m 内击穿 8mm 钢板并仍带微弱杀伤力。供弹具可通用，容弹量大，可连续射击，具有猛烈的持续火力。后坐力小，全枪动力特性平稳，整体布局合理，射击时持枪、瞄准舒适，震动很小，单、点精度均达到很高水平。

该枪配有机械瞄准及简易夜间瞄准装置。机械瞄准具为觇孔式照门，配有降噪音、降火焰的膛口消音消焰装置。还配有 3 倍的白光瞄准镜和微光瞄准镜，微光瞄准镜可在夜间弱光条件下对 200m 以内有生目标精确瞄准，能适应全天候作战。

图 6-8　95 式 5.8mm 自动步枪

1. 性能。

（1）有效射程：发射枪弹时，有效射程为 400m；发射 40mm 枪榴弹系列时，最大射程可达 400m；表尺射程 500m。

（2）射击方式：主要射击方法为短点射（2~5 发），还可实施单发射和长点射（6~10 发）。

（3）使用弹种：87 式 5.8mm 步枪普通弹，88 式 5.8mm 机枪弹及步枪曳光弹，40mm 系列枪榴弹及 35mm 防爆榴弹。

（4）实战射速：单发时 40 发/分钟，连发（3~5 发短点射）时 100 发/分钟。

（5）供弹方式：弧形弹匣供弹。

（6）弹头侵彻力：使用 87 式 5.8mm 普通弹，在 100m 射击距离上能穿透 8mm 厚的普通钢板；9cm 厚的砖墙；30cm 厚的土层；35cm 厚的松木板。

（7）弹匣容弹量为 30 发。

2. 主要诸元。

95 式 5.8mm 自动步枪主要诸元

内容	单位	数量	特点
口径	mm	5.8	
初速度	m/s	920	
枪管寿命	发	10000	
空枪重量	kg	3.3	
枪全长	mm	743	
瞄准基线	mm	325	
枪管长	mm	463	
子弹最大飞行距离	m	2000	
刺刀长	mm	300	
发射方式			单发射、短点射、长点射
击发方式			击针击发
面准具类型			准星、觇孔式照门

3. 结构。95 式 5.8mm 自动步枪主要由枪托、上护盖、击锤部件、复进簧、枪机框、活塞簧、活塞、气体调节器、机头、枪身、弹匣、下护盖、刺刀、附件、下护盖销、刀鞘等组成。

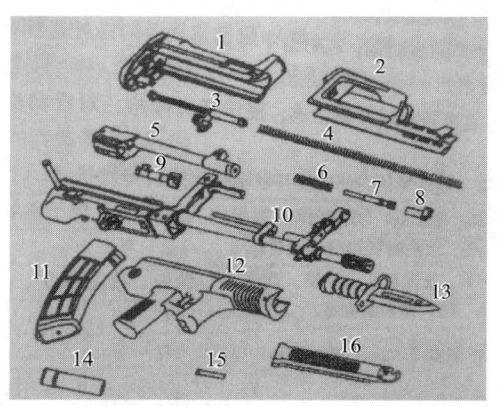

1. 枪托；2. 上护盖；3. 击锤部件；4. 复进簧；5. 枪机框；6. 活塞簧；7. 活塞；
8. 气体调节器；9. 机头；10. 枪身；11. 弹匣；12. 下护盖；13. 刺刀；14. 附件；
15. 下护盖销；16. 刀鞘

图 6-9　95 式 5.8mm 自动步枪结构

（六）子弹

子弹按用途可分为普通弹、铅心弹、钢心弹、训练弹、空包弹以及防暴枪各类用弹等；按性能可分为致命性枪弹和非致命性枪弹；按配用武器种类的不同可分为手枪弹、步（机）枪弹及防暴弹等；按弹头形状可分为尖头弹、钝头弹及平头弹等。

枪弹是由弹头、弹壳、底火和发射药等组成。子弹的具体构造如下：

1. 弹头，用于摧毁、杀伤目标。

2. 弹壳，用于容纳发射药，安装弹头和底火，包括壳颈、壳口、壳肩、退壳钩、导火孔。

3. 底火，用于点燃发射药。发射药燃烧后，产生火药气体，推动弹头前进。

4. 发射药，用于在弹壳内燃烧爆炸给予弹头足够的推力。

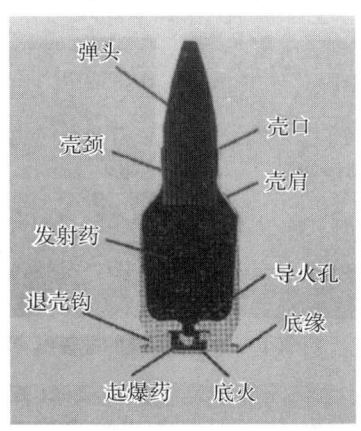

图 6-10 子弹构造

三、常用警用武器的分解、结合

（一）92G 式 9mm 手枪的分解与结合

1. 92G 式 9mm 手枪的分解。

（1）打开保险。右手握枪，用拇指将保险机扳到枪身白点处（如下图）。

图 6-11 打开保险

（2）取出弹匣。右手大拇指按压弹扣，左手从握把下方抽出弹匣（如下图）。

图 6-12　取出弹匣

（3）验枪。右手持枪，左手拇指和食指捏住套筒后方的防滑槽处，用力向后拉，从抛壳口观察弹膛内有无子弹（如下图）。

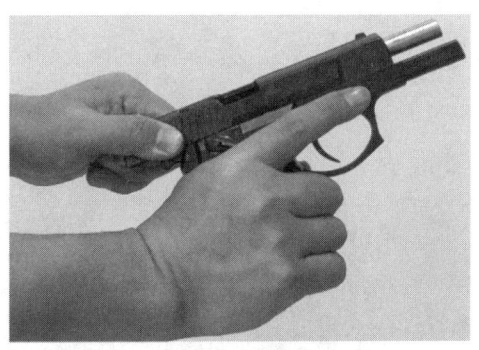

图 6-13　验枪

（4）卸下连接轴。击锤位于待发位置或联动停机位置时，左手握枪，右手拿弹匣，用弹匣底部平齐端按压枪身右侧连接轴的凸起部（如下图），迫使连接轴向左侧顶出，然后左手掌抵住枪口部，中指扣住扳机护圈，稍推套筒向后，右手卸下连接轴，放下连接轴和弹匣（如下图）。

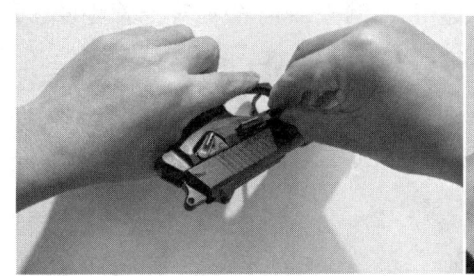 

图 6-14　卸下连接轴

（5）卸下套筒。右手握握把，左手握住套筒向前沿导棱拉动，卸下套筒，然后将套筒座放下（如下图）。

图 6-15　卸下套筒

（6）取出复进机。左手握住套筒，复进机朝上，右手拇指和中指捏住连接座，食指按压连接座，压缩复进簧，同时上抬取出复进机（如下图），再从复进机上卸下连接座，再卸下复进簧导杆，放下复进簧导杆和复进簧。

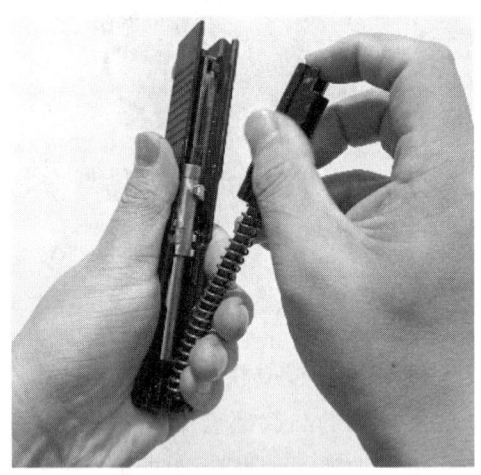

图 6-16　取出复进机

（7）取出枪管帽及枪管。手握套筒使枪机朝上，向左或向右旋转枪管帽45度，向前取出枪管帽，然后把枪管从套筒中取出，放下枪管和套筒（如下图）。

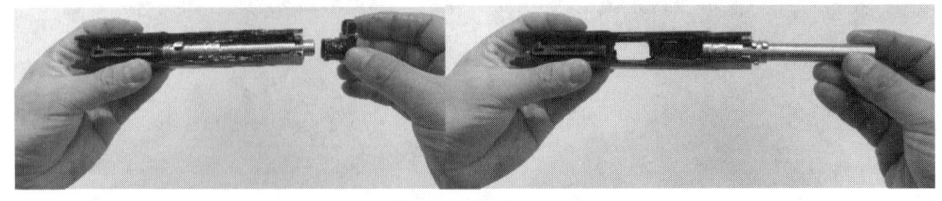

图 6-17　取出枪管帽及枪管

（8）取出击发机构组件。右手握枪，左手拇指上顶套筒座的前端，待击发机构尾部脱离握把时，从前上方抽出击发机构组件（如下图）。

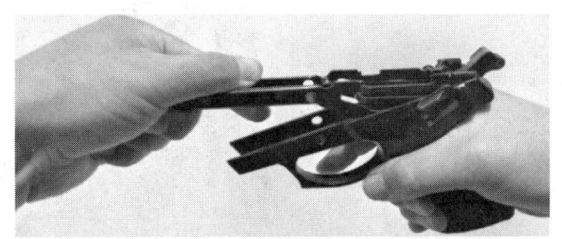

图 6-18　取出击发机构组件

2. 92G 式 9mm 手枪的结合。

（1）装上击发机构组件。右手拿起套筒座，左手拿起击发机构组件，成 45 度角将击发机构组件的保险部分放入套筒座尾部凹槽内，并将扳机向下放入套筒座上的扳机槽内，再将击发机构组件下压，结合好后放下（如下图）。

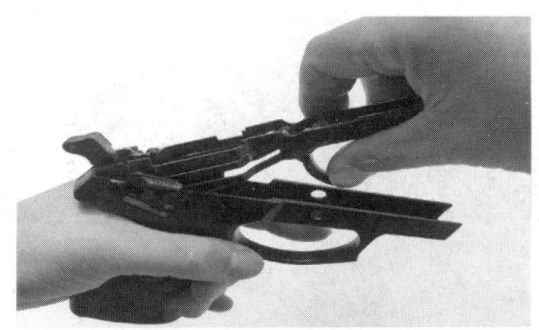

图 6-19　装上击发机构组件

（2）装上枪管和枪管帽。左手拿起套筒，右手拿起枪管的线膛，将枪管的弹膛部分从前端装入（如下图左），装入时必须将枪管上的凸起部分从套筒之间插入到定位，旋转后使闭锁齿卡入旋转槽（如下图右）。然后右手拿起枪管帽，从枪管前端 45 度角处插入，旋转 45 度结合好。

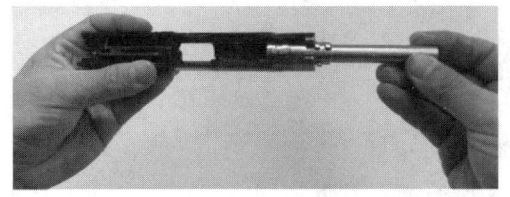 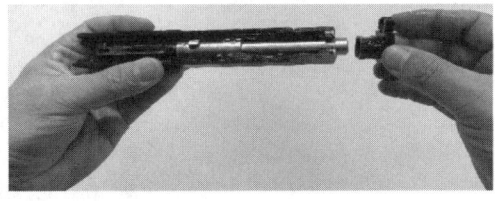

图 6-20　装上枪管和枪管帽

（3）装上复进机。将复进簧导杆装入复进簧内，再将其装入连接座（如下图左），左（右）手捏住连复进机圆孔，压缩复进簧，将连接座放入套筒（如下图中），并使枪管的闭锁凸榫装入连接座凹槽（如下图右）。

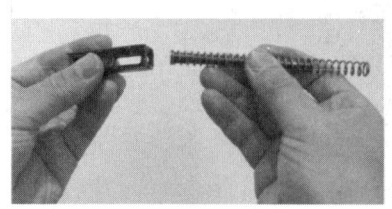

图 6-21　装上复进机

（4）装上套筒。右手握握把，左手握套筒，将击锤处于联动停机状态，将击发机构组件前部导棱对准复进机导槽推入（如下图左）（若中途推不动时，则应检查拉杆轴是否窜出，并在扣压扳机的同时反复推拉套筒，保证各机件顺畅结合），并将套筒向后推到定位（如下图右）。

图 6-22　装上套筒

（5）装上连接轴。左手虎口抵住枪口，中指扣住扳机护圈，稍推套筒向后。当连接轴孔洞对齐时，右手将连接轴插入孔内，并推到位。

图 6-23　装上连接轴

结合后,推拉套筒数次,检查机件结合是否正确。然后,装上弹匣,将保险机送于保险位置,完成枪支的结合。

(二) 64 式 7.62mm 手枪分解与结合

1. 64 式 7.62mm 手枪分解。

(1) 取出弹匣。右手握枪把,拇指按压弹匣卡榫,左手取出弹匣(如下图)。

图 6-24 取出弹匣

(2) 卸下套筒。右手握枪把,左手将扳机护圈前端向下拉出并稍微偏向一侧,使扳机护圈抵在套筒座上。为了不使其影响卸套筒,可将拉出的扳机护圈前端向左抵在套筒座上,并用右手的食指向左加力,帮助抵牢。然后,用左手的拇指和食指拉套筒向后定位,并将套筒后部向上抬,借复进簧的伸张力,向前卸下套筒(如下图)。

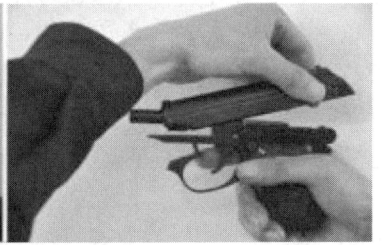

图 6-25 卸下套筒

(3) 取下复进簧。右手握枪把,左手顺枪管方向拉出复进簧(如下图)。

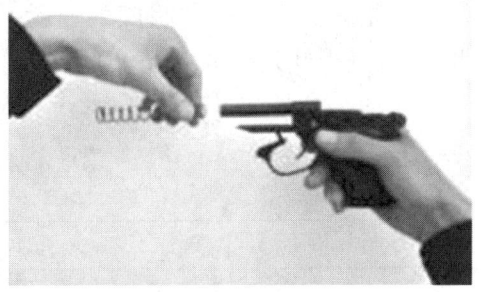

图 6-26 取下复进簧

2. 64 式 7.62mm 手枪结合。

(1) 装上复进簧。右手握枪把,左手将复进簧直径较小的一端套在枪管上,并向后推到定位。

（2）装上套筒。右手握枪把，左手持套筒，先使复进簧进入复进簧巢内，用力拉套筒向后到定位。稍压套筒后部，使套筒的导棱进入套筒座的导槽内，借复进簧的伸张力。使套筒回到前方位置。然后，右手握枪，左手拉起扳机护圈前端归放原位内。

结合后，拉套筒数次，检查机件结合是否正确。然后，装上弹匣，关上保险。

四、简易射击学理

（一）子弹发射

子弹发射是以火药燃烧产生的气体压力为动力，推送弹头（弹丸），用来碰击或燃爆物体，以达到杀伤或毁坏目标物的目的，整个发射过程可归纳为四个阶段。

1. 准备阶段。由发射药开始燃烧至弹头开始运动时为止。

2. 基本阶段。自弹头开始运动起到发射药燃烧完时为止。

3. 气体膨胀阶段。自发射药燃烧完到弹头底部脱离枪口前切面时为止。

4. 飞行阶段。自弹头底部脱离枪口前切面时起至火药气体停止对弹头作用时为止。

（二）枪管结构

枪管主要由枪管螺纹、膛室、膛喉、枪膛、膛线等构成。其中，膛线分为阴膛线和阳膛线，是为了使子弹飞行中旋转自转更加稳定精准。子弹和武器的口径是指阳膛线的直径。枪支的寿命主要指枪管的寿命，是根据膛线磨损情况而定的。

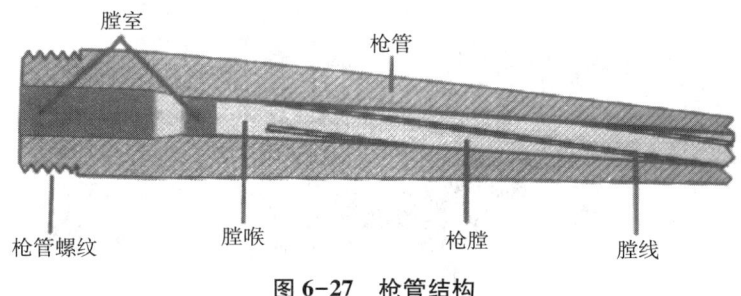

图 6-27 枪管结构

（三）子弹的初速

1. 概念。子弹的初速，指的是弹头射出枪口瞬间的速度，相同口径和重量的弹头，初速越大射程就会越远，同样，浸透力和杀伤威力就会越大。初速也是衡量一种枪支威力的重要标准。

2. 常用警用武器子弹的初速。

常用警用武器名称	初速度（米/秒）
54 式 7.62mm 手枪	420
64 式 7.62mm 手枪	310
92G 式 9mm 手枪	360

续表

常用警用武器名称	初速度（米/秒）
79 式 7.62mm 轻型冲锋枪	515
95 式 5.8mm 自动步枪	920

3. 初速对实战性能的影响。

（1）弹头的飞行距离。初速越大，弹头的飞行距离越远，有效射程越大。

（2）初速越大弹道越低伸。在一定的条件下，初速越大，弹道的整体轨迹就越来越低伸，同样不同射程的弹道差越小，子弹散布越为集中。

（3）初速越大浸透力越大。弹头的初速越大，证明弹头的动能也就越大，浸透力越强，也就是威力越大。

4. 影响子弹初速的因素。

（1）弹头重量。在同样的发射药类型和重量条件下，弹头越重初速越低。

（2）枪管长度。在同样型号的子弹发射的条件下，枪管越长，初速越大，因为枪管越长，相对枪管内的密闭空间越大，火药爆炸产生的膛压越大，所以推力更大，更能利用火药的效能。例如，同样可以发射 51 式 7.62mm 手枪弹的 54 式 7.62mm 手枪和 79 式 7.62mm 轻型冲锋枪，由于 79 式 7.62mm 轻型冲锋枪枪管长所以弹头初速就大。

（3）发射药重量。在同等下，发射药重量越大初速越大。

（4）火药燃烧速度。根据不同武器的类型，合理选用不同燃烧速度的火药，更能提升火药的利用率，一般短管武器选用速燃火药，长管武器选用缓燃火药。

（四）后坐

后坐是指发射时武器向后运动的现象。发射药燃烧时，产生的气体同时作用于各个方向，向前作用于弹头后部的压力推送弹头前进；向后作用于弹壳底部的压力通过枪机传给整个武器，使武器向后运动，形成后坐（如下图）。在弹头脱离枪口瞬间，大量的火药气体随弹头后部从膛喉向外喷出，形成了反作用力，使武器后坐更加明显。

图 6-28　后坐

后坐对单发射（连发、首发）的命中影响极小，对连发射击的命中有一定的影响，因为连发射击时，第一发子弹射出后，由于枪身的明显后坐改变了原来的瞄准线，使第二发以后的射弹产生偏差。但只要射手据枪要领正确，适应连发武器射击时的后坐规律，就能减小后坐对连发命中的影响，提高连发射击精度。

（五）弹道

弹道是弹头运动中，其重心所经过的路线。弹道形成的原因是，弹头脱离枪口后，一方面受到地心引力的作用，逐渐下降；另一方面受到空气阻力的作用，越飞越慢。因此，形成了一条不均等的弧线。升弧较长较直，降弧较短较弯曲（如下图）。

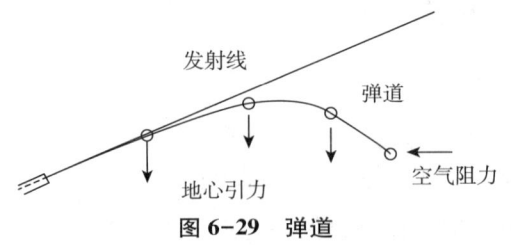

图 6-29 弹道

（六）直射和直射距离

瞄准线上的弹道高在整个表尺距离上不超过目标高的射击，叫直射。这段表尺距离就是直射距离（如下图）。

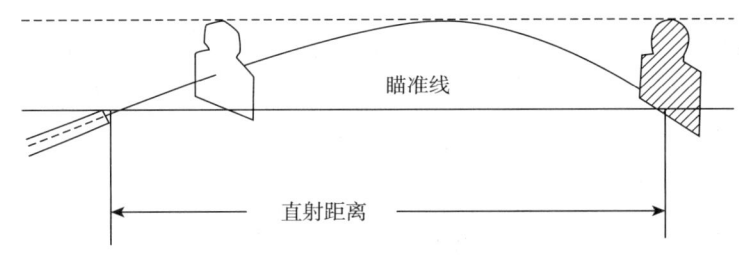

图 6-30 直射和直射距离

（七）瞄准和选择瞄准点（区）

1. 瞄准。正确的瞄准动作是应通视缺口与准星，使准星尖位于缺口中央，并与上沿平齐构成平正关系指向瞄准区。正确的瞄准是准星与缺口构成的平正关系要看得清楚，而目标则看得模糊。

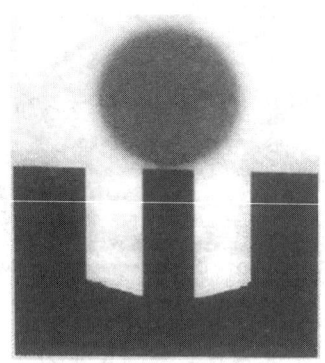

图 6-31 瞄准

2. 瞄准要素（如下图）。

（1）瞄准基线：缺口的上沿中央到准星尖的直线。

（2）瞄准点（区）：瞄准线所指向的一点。

（3）瞄准线上的弹道高：弹道上任何一点到瞄准线的垂直距离。

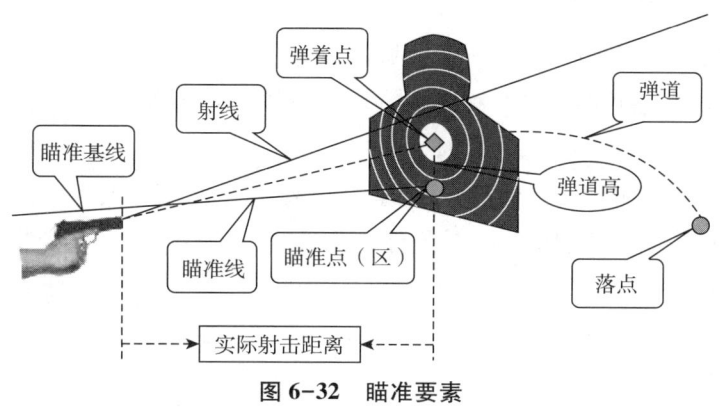

图 6-32 瞄准要素

（4）落点：弹道降弧与瞄准线的交点。
（5）弹着点：弹道与目标表面或地面的交点。
（6）实际射击距离：起点到弹着点的距离。

五、隧道效应

隧道效应是执勤现场的警察在高压力状态下，对紧张情况产生的生理应激反应，具体表现为视觉感知范围变小，仅限于一个狭小的圆形隧道区域，并且在短时间内容易出现大脑屏蔽和忽视听觉信号的现象。

警用武器使用过程中出现隧道现象，容易导致错误判断，需要通过环境观察重新建立观察路线，在原有动作指向基础上，通过头部转向对周围进行观察的方式，重新感知周围环境，达到破除隧道效应的效果（如下图）。

图 6-33 隧道效应

六、警用武器保养

警用武器保养是保持警用武器性能安全可靠和预防故障的有效方法。因此，必须做到勤检查、勤擦拭，使警用武器时刻保持在可适用状态。执勤训练后，用油布进行擦拭。擦拭前，应分解警用武器并准备好擦拭用具（附品）及材料（棉布、白布等）。

1. 擦拭枪膛。在通条孔内穿上布条，由枪管后端插入枪膛，沿枪膛进行来回擦拭。
2. 清洁机件。用枪油适量湿润擦枪布，先擦净表面的烟渣和污垢。然后对枪机和机槽上的小凹槽、沟、孔和缺口这些不容易擦拭到的地方，可用不锈钢小镊子或细木签缠上布条后剔净。长枪还应清洁枪栓。

3. 擦干枪身。用干布将握把、枪身、瞄准具擦干。

4. 上油保养。警用武器擦拭干净之后，用蘸枪油布在各部机件上轻微地涂抹一层油，枪上的木质部分禁止涂油，以免变形。

5. 注意事项。爱护枪支，定期擦拭保养。射弹过多或在恶劣环境中使用后，必须进行完全分解，擦拭涂油，确保不会产生锈渍。训练时，少打空枪，避免损伤击锤部件。入库时须枪弹分开存放。

思维拓展

随堂习题

1. 弹道的形成是受到哪些力的影响？
2. 影响子弹初速的因素有哪些？
3. 92G 式 9mm 手枪和 95 式 5.8mm 自动步枪的子弹初速分别是多少？

能力测评

一、任务书

请以小组为单位,根据情境导入案例进行实战演练。

二、任务分组

区队		组号		指导老师	
组长		学号			
组员	姓名		学号	姓名	学号
任务分工					

三、情境考核方案

《92G 式 9mm 手枪使用》情境考核方案

【考核目标】

通过对 92G 式 9mm 手枪的使用训练,提升精益求精严谨规范的职业精神。

【考核内容】

1. 全面考察 92G 式 9mm 手枪分解与结合操作规范。

2. 考察学生对枪支结构的了解程度。

3. 分解前的安全检查。

《92G 式 9mm 手枪使用》情境考核评分表

处置小组:　　　　　考核组:　　　　　考核时间:

一级指标	二级指标	学生互评	任课教师	总评
安全检查（20 分）	分解前验枪（10 分）			
	结合后验枪（10 分）			
操作规范（40 分）	分解（20 分）			
	结合（20 分）			
时间（40 分）	120 秒内（20 分）			
	130 秒内（15 分）			
	140 秒内（5 分）			
合计（100 分）				

学习任务三　战术基础动作

🎯 学习目标

知识目标：熟悉警用武器使用的安全守则，掌握枪支的佩带与交接、持握、验枪、装退子弹、出枪与收枪、戒备的动作技术。

能力目标：掌握据枪、瞄准、击发等基础技术动作要领。

素养目标：培养安全、规范使用枪支的理念。

🎯 情境导入

情境导入一：2023 年 12 月，某省监狱局在司法警官职业学院组织新录用监狱人民警察 92G 式 9mm 手枪实弹射击训练。在训练中第一组就发生了击发后子弹不发火的情况，学员报告后由教师对枪支进行了检查，发现子弹已经上膛，便让学员再次击发，结果子弹仍不发火，枪弹管理员立即更换枪支后对原来子弹重新发射，击发后子弹发火正常，该学员随后完成实弹射击训练任务。

情境导入二：2011 年 8 月 12 日上午 10 时许，某省高级人民法院刑一庭公开开庭审理被告人孙某故意杀人一案。庭审结束后，值勤法警正引导旁听人员有序退出审判大楼时，突然楼外传来呼喊声，十几个人惊慌地涌入审判大楼，并呼喊着"杀人了""救命呀"。正在值勤的直属支队一大队大队长迅速冲出楼外，发现一名女性已经倒在楼外空地上，被害人之子正持刀狂叫着欲冲向拥挤在审判楼门口的人群。见此情景，该大队长边冲向行凶者，边拔出手枪，并高喊："别动！再动我就开枪了！"在行凶者愣神之际，迅速靠近并击其面部，其他法警合力将行凶者摔倒在地并顺势夺下尖刀，将其制服。据查，由于该院坚持对参加旁听人员实施严格的安全检查，行凶者没敢将凶器带入法庭，而是藏匿在法院栅栏围墙外的草丛中。

🎯 基本知识

一、枪支的佩带与交接

人民警察在佩带枪支时，应当携带人民警察证、持枪证、枪证等证件。

（一）佩带枪支

人民警察佩带枪支时要求枪不离人。佩枪时可选择子弹不上膛，打开枪支保险；子弹上膛，关闭枪支保险的方式。根据警务任务需要，佩带枪支也可采用枪弹分离方式。

1. 手枪的佩带。佩带手枪时，一般佩带在多功能腰带的右手侧位，弹匣在正左侧位（如下图）。

图 6-34　手枪的佩带

2. 长枪的佩带。长枪佩带一般分为枪背带携带和无枪背带携带。不同的警务任务有不同的携带方法，下面简单介绍三种常用的枪背带携带的使用方法：

（1）肩枪（如下图）。

图 6-35　肩枪

优点：便于长距离行进。

缺点：形成射击动作慢，不能有效快速控制。

（2）背后挂枪（如下图）。

优点：奔跑或长距离行进时，可以腾出双手。

缺点：形成射击动作慢，行进中不易控制枪口和紧急出枪。

图 6-36　背后挂枪

（3）胸前挂枪（如下图）。

用枪背带将枪的前后端连接，可使枪支靠紧身体，增加了携带的稳定性。

优点：便于快速抵肩瞄准。

缺点：运动时，枪支会大幅度摆动，需要用手控制。

图 6-37　胸前挂枪

（二）枪支交接

枪支交接前应遵循安全规则，通常应验枪，检查膛内是否有子弹，检查弹匣及弹匣内装弹情况。

1. 空枪交接。手枪空仓挂机，通视抛壳窗及弹匣井，枪口朝向地面，左手抓握手枪套筒前端，食指和中指置于扳机护圈外侧，握把朝向接枪人（如下图）。

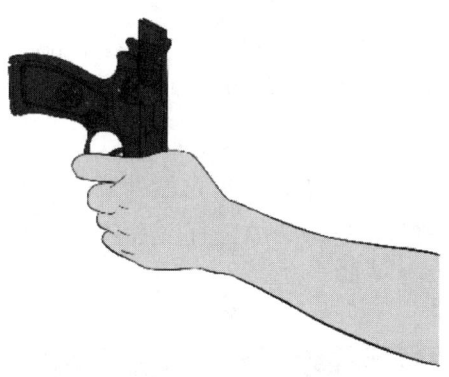

图 6-38　空枪交接

2. 携弹交接。交枪时，枪弹分离，关闭保险，交枪人左手交枪（交枪方法同上），右手交弹匣（如下图）。

图 6-39 携弹交接

3. 接枪。接枪人右手接枪，验枪后收枪；若携弹交接，右手接枪左手接弹匣，验枪后收枪（如下图）。

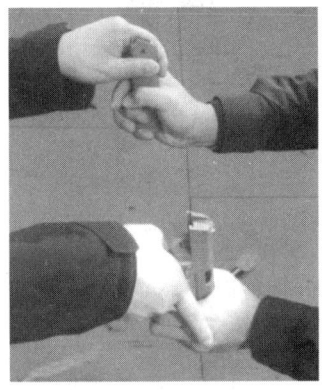

图 6-40 接枪

二、持握

持握枪支通常采用惯用手，惯用手为右手的，则右手为右手，左手为左手。对于"左利手"来讲，左手为右手，右手为左手。本教材所指右手以右手为例。

（一）单手持握

右手虎口紧贴枪颈位置，右手食指、拇指自然伸直贴于枪侧，用大、小鱼际和中指、无名指的合力握住枪握把，腕部挺直，形成正直向后合力，食指自然伸直贴于扳机护圈外侧（如下图）。

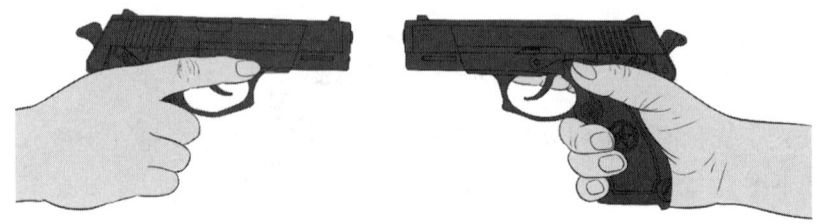

图 6-41 单手持握

（二）双手持握

在右手单手握枪的基础上，左手大鱼际贴紧右手大鱼际，食指、中指、无名指分别贴近右手指缝，从前面包住持枪手，两手形成包夹之力握住枪，形成正直向后合力（如下图）。

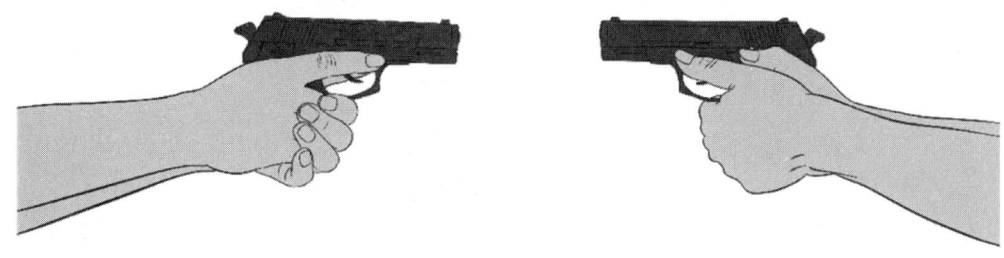

图 6-42　双手持握

三、验枪

验枪是一项保证安全的重要措施，动用警用武器前首先要验枪，特别是空枪预习前、实弹射击后和分解武器前一定要认真检查枪膛进行清枪，检查弹匣内有无实弹。人民警察不仅要熟练掌握验枪的动作方法，而且要养成良好的验枪习惯。组织集体射击训练时验枪的口令有："验枪""验枪完毕"。

（一）动作要领

1. 取枪指向安全区域。人民警察验枪时或听到"验枪"口令后，面对安全方向站立。右手打开枪套扣，取出手枪，枪口指向安全区域，大臂自然下垂，紧贴于右肋，食指离开扳机贴于护圈外（如下图）。

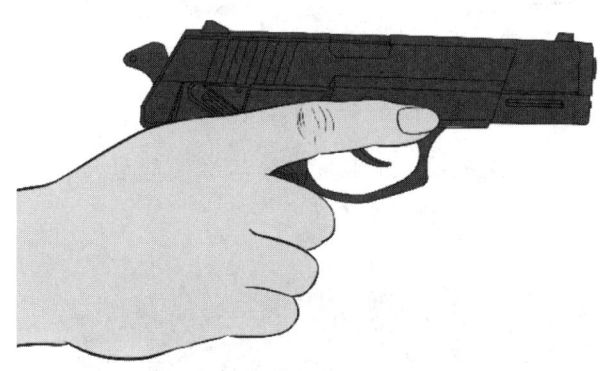

图 6-43　取枪指向安全区域

2. 卸弹匣。使用 64 式 7.62mm 手枪、92G 式 9mm 手枪时，右手打开保险，右手拇指按压弹匣卡笋（如下图），取出弹匣交给右手，弹匣口朝上，握于枪的左侧。64 式 7.62mm 手枪、92G 式 9mm 手枪击锤向后于待发位置。

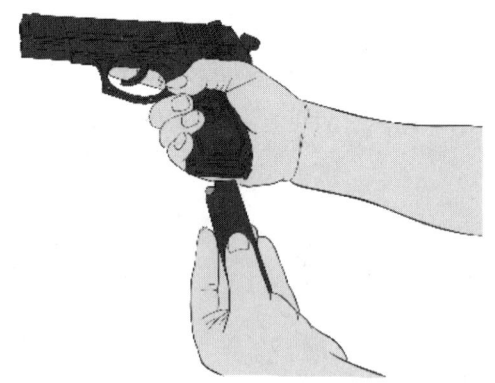

图 6-44　卸弹匣

3. 拉套筒检查。右手拇指和食指捏握套筒后端防滑槽处，向后拉套筒检查枪膛内是否有子弹。64 式 7.62mm 手枪、92G 式 9mm 手枪拉套筒后用大拇指推挂机卡榫挂机，在挂机状态下将枪置于胸前，通过观察枪膛内情况，视觉确认无弹（如下图），如视觉条件不良，弱光情况下，可在确保空仓挂机牢靠的前提下，用手指伸进枪膛内触摸确认是否有余弹。实弹射击后一般采用拉套筒的方式进行二次检查。

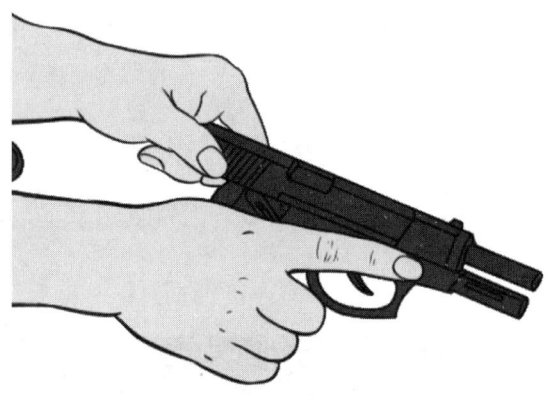

图 6-45　拉套筒检查

4. 套筒、击锤复位。64 式 7.62mm 手枪套筒后端快放复位，92G 式 9mm 手枪可按下挂机卡榫复位，向安全区域击发，使击锤复位。

图 6-46　套筒、击锤复位

5. 关保险。根据需要选择是否关保险（如下图）。

图 6-47　关保险

6. 装弹匣。根据需要选择是否装弹匣（如下图）。

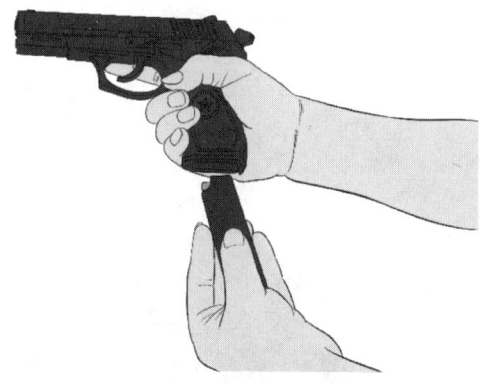

图 6-48　装弹匣

7. 枪入套。右手大臂带动小臂，紧贴腰肋，取捷径收枪，枪口朝下放入枪套（如下图）。验枪完毕后，可根据要求选择报告"验枪完毕"口令。

图 6-49　枪入套

（二）验枪时的要求

1. 面向安全区域站立，枪口始终指向安全区域，枪口不得来回摆动。
2. 扣扳机的食指应贴于扳机护圈外，严禁贴在扳机上。

四、装退子弹

（一）弹匣内装弹

左手拿弹匣，右手拿子弹，把子弹尾部放置在弹匣缺口的托弹板下压后前推子弹，让子弹进入弹匣（如下图）。

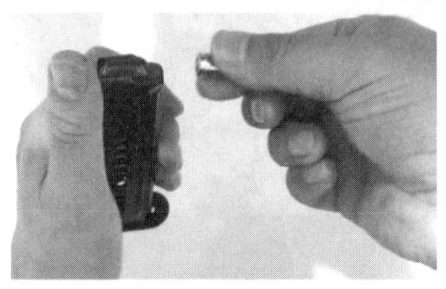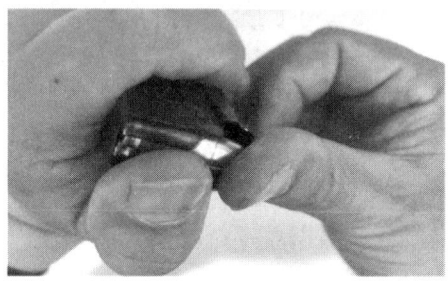

图 6-50 弹匣内装弹

（二）弹匣内退弹

安全指向，卸下弹匣，左手抓握弹匣，右手大拇指从托弹板上部推压子弹尾部，把子弹推出弹匣（如下图）。

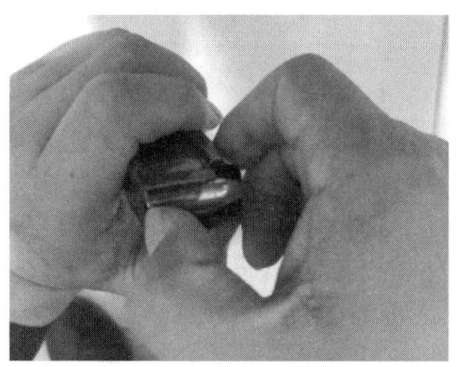

图 6-51 弹匣内退弹

（三）枪弹结合

装弹匣时将枪置于腹前，右手持枪，枪面侧右转 45 度左右，左手拇指贴弹匣背部，食指轻贴弹匣口前端缺口处，握住弹匣，将弹匣推入弹匣仓内。卸弹匣时，将枪置于腹前，右手持枪，枪面侧右转 45 度左右，拇指按弹匣卡榫，弹匣在弹簧作用下，从弹匣仓弹出，左手接握弹匣（如下图）。

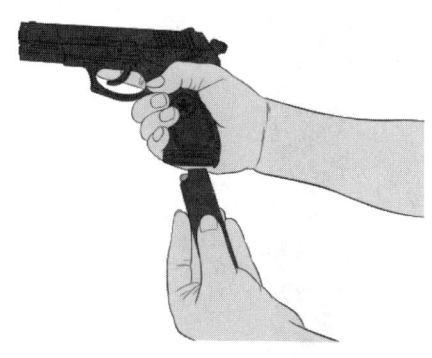 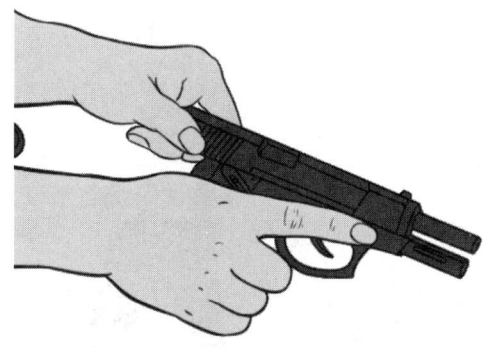

图 6-52　枪弹结合

（四）左手正向（虎口向前）上膛

安全指向，左手大拇指和食指正握（反手，左手大拇指和其余四指反握）套筒后端，向后拉套筒到底，松手放开套筒以复进簧之力将子弹上膛。

（五）左手正向（虎口向前）退子弹

安全指向，卸弹匣入套；左手拉套筒，将膛内子弹退出，并检查确认弹膛无弹。

五、据枪

（一）据枪站立姿势

立姿据枪时通常可采用两脚平行站立步（如下图左）、两脚前后高弓步（如下图中）、侧身站立（如下图右）等姿势，一般持枪手侧的脚后置，重心落于两腿之间。着防弹衣时也可以身体正面面向目标，充分利用防弹衣迎弹面，获得更广阔的射击开角。

图 6-53　据枪站立姿势

（二）正面双手据枪（等腰三角式）

身体面对目标，两脚分开略宽于肩，重心稍向前倾，两膝微屈，双手握枪，手臂伸直，锁定手、肘、肩关节，双手与身躯成一个等腰三角形。头部不要刻意前探，以免影响视线及移动的灵活性。其优点在于重心相对稳定，适用于精准射击（如下图）。

图 6-54　正面双手据枪（等腰三角式）

（三）侧身双手据枪（威沃尔式）

右手持枪，身体与目标成 45 度，右脚尖方向与目标成 90 度，两脚分开略宽于肩，两膝微屈，持枪右臂完全伸直，枪面与眼睛同高，左手由前向后包握右手，左臂肘部向下约成 90 度。头部靠右侧轻贴于大臂，以右臂直臂前顶，左臂屈臂后拉之合力稳固据枪。其优点在于暴露面积相对较小，利于双击和掩体后切角射击（如下图）。

图 6-55　侧身双手据枪（威沃尔式）

（四）单手据枪

两脚分开略宽于肩，两膝微屈，或两脚前后高弓步站立，重心略向前倾，持枪手一侧脚在前。上体姿势同侧身、正面射击姿势；左手握拳收回贴于胸前或扶握其他物体，稳定身体；持枪手臂自然伸直，头部不要刻意前探（如下图）。

图 6-56　单手据枪

（五）长枪据枪

两脚分开略宽于肩，两膝微屈或前后高弓步站立，上体略前倾，形成立姿射击动作。枪托抵实肩窝，可根据身高及个人习惯采用半抵肩，将枪托下半部分抵在锁骨处胸肌上，头部不要刻意前探，正直贴腮，右眼与瞄准线同一方向，右手握枪握把，左手握下护盖，稍向后拉和肩部形成合力，控制射击时的摆动后坐，肘自然下垂（如下图）。

图 6-57　长枪据枪

六、瞄准

（一）精确瞄准、概略瞄准和指向性瞄准

1. 精确瞄准。瞄准是指为了使瞄准基线指向目标所做的各种动作。瞄准时（以右手持枪为例）眼睛通视缺口和准星，准星的上沿与缺口的上沿平齐，准星在缺口的正中央，平正的准星与缺口构成正确的瞄准基线，使这条基线指向瞄准区域。瞄准要求保持缺口和准星的平正。瞄准时必须考虑平正误差和弹着点偏差量的关系。例如，64 式 7.62mm 手枪平正误差 1 毫米，在 15 米距离上弹着点偏差量为 8.3 厘米。瞄准时应将视觉注意力合理分配，大部分注意力放在准星与缺口的平正关系上，小部分注意力投放到目标上。做到准星缺口平正清晰，目标相对模糊（如下图）。

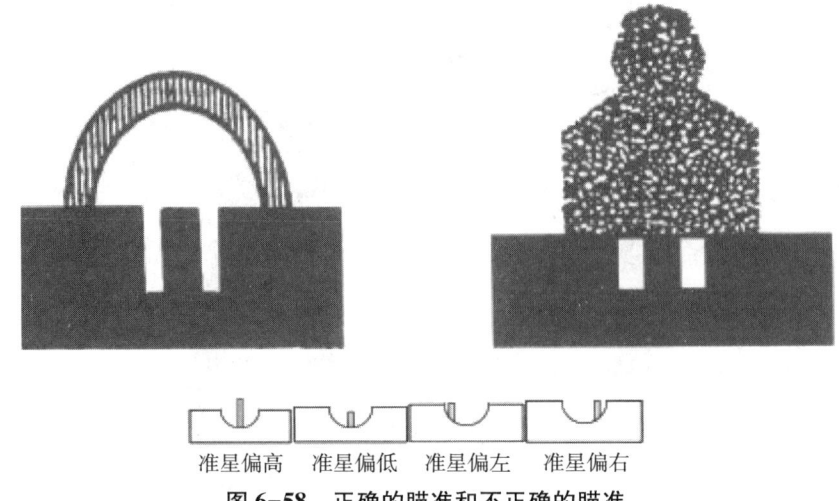

图 6-58 正确的瞄准和不正确的瞄准

2. 概略瞄准和指向性瞄准。

（1）概略瞄准。用双眼盯住目标，双手保持枪面平稳，使之处于枪眼的视平线上。这样枪口就指向了目标，准星和缺口也就基本平正。在视觉上，目标清楚，缺口模糊。

（2）指向性瞄准。指向性瞄准是指双眼全部的注意力集中在目标上，用手臂、食指或者助手的拇指带动手枪指向目标，进行指向性瞄准。

实战持枪戒备时，持枪手可略上抬，使枪套筒与左眼同高，通过套筒右侧边进行瞄准，完成实战戒备高姿射击瞄准（如下图左）。持枪手也可收至右胸前，成实战戒备低姿，枪面略右斜，与身体保持合适夹角，利用左肩指向进行射击瞄准，通过身体后仰前倾调整射击的上下位置，进行实战戒备低姿射击（如下图右）。

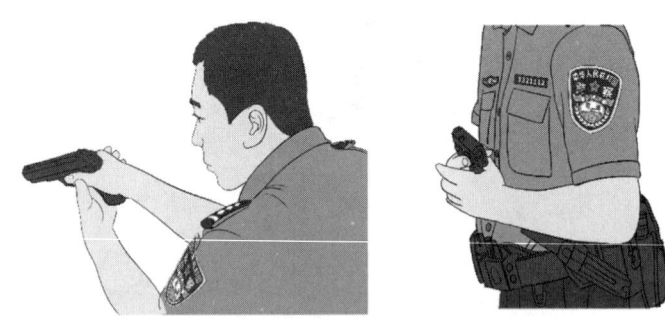

图 6-59 概略瞄准和指向性瞄准

（二）觇孔式照门的瞄准

95 式 5.8mm 自动步枪瞄准采用觇孔式照门。觇孔式照门的优点是精度较高，瞄准简便快捷，受阳光等外界因素的影响较小；缺点是对运动目标射击时不易取提前量。95 式 5.8mm 自动步枪的觇孔表尺为前后翻转的四位纵向转盘式，设置三个档位和简易夜瞄。表尺分为 1、3、5 三个码位，分别适合标准射程为 100 米、300 米、500 米的射击瞄准位置，根据需要翻转即可。简易夜瞄装置是由表尺上方涂有荧粉的小孔（准星）与准星护圈两边涂有荧光粉的两个小孔（表尺）构成，即倒置式简易夜瞄装置。使用时，构成准星与缺口倒置平正关系，对准目标即可射击（如下图）。

图 6-60　觇孔式照门的瞄准

（三）瞄准点跟随

射击后产生的后坐力会在一定程度上破坏平正关系及瞄准点，这就要求在握枪时保持据枪动作一致性，击发后在相对稳定的基础上，保持正确的平正关系，视线跟随目标，快速重建瞄准点，以达到相对稳定的弹着点散布，提高准确性。

七、击发

在合理据枪、正确瞄准的基础上，用右手食指第一指关节指腹部分均匀正直地向后扣压扳机，自然适时地压响。击发的方式有：

（一）瞄准中击发

当瞄准线接近瞄准区时，预压扳机，扣落第一道火，当瞄准线进入瞄准区内的同时，食指应对第二道火施加压力，调整呼吸，一边修正平正关系保持正确一致的瞄准，一边继续对扳机增加压力。

（二）晃动中击发

平正准星在瞄准区内时会因为呼吸原因导致身体较小的晃动，在维持准星缺口平正关系和提前量的前提下，继续均匀、正直、逐渐地对扳机增加压力，直至击发。

（三）快速击发

即在枪口指向射击目标并形成概略瞄准的基础上，握枪手的食指快速果断、正直均匀地向后扣压扳机，准星瞄准，边调整扣压，随机击发。

（四）连续击发

扣扳机的特点是"两快一慢"，即预压扳机要快，松开扳机要快，击发瞬间稍慢，扣压扳机要稳定匀速。在实战中，要做到快速连续击发，要在正确概略瞄准的基础上，熟练掌握扳机临界点的控制技术，即每次击发不完全松开扳机，边进行瞄准调整，边在临界点处完成下一发击发。

八、出枪与收枪

（一）手枪的出枪与收枪

1. 出枪。

（1）握枪。在徒手戒备的基础上，右手打开枪套，拇指自然贴于枪身，虎口卡紧枪颈，中指、无名指及小指握紧枪握把，中指抵住扳机护圈，食指自然向下（可用于快拔枪套的解锁）（如下图）。此握法亦适用于扶枪戒备中的握枪。

图 6-61　握枪

（2）快速提拉出套。握枪迅速向上提拉，至枪口刚刚离开枪套，左手成八字掌或者握拳，同时上抬至胸前，贴于上腹部，此时枪口垂直于地面，枪面略向身体外侧倾斜，与腿部约成 15 度角（以防止枪支走火误伤）（如下图）。

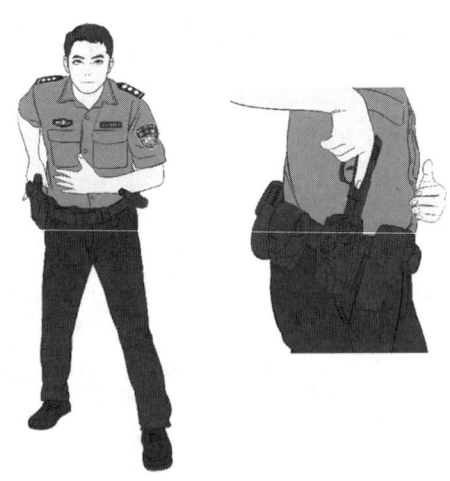

图 6-62　快速提拉出套

（3）沉肘。在上述动作的基础上，右手握枪挺腕，大小臂夹角不变，肘部下沉至与腰部同高，大臂垂直于地面，小臂与地面平行，枪口指向目标方向，左手护于胸前（即单手腰间戒备）（如下图）。

图 6-63　沉肘

（4）合握。在上述动作的基础上，右手握枪向前推枪至胸前的同时，左手取捷径对右手进行包握（即双手胸前戒备），枪口指向目标方向，枪身与地面平行（如下图）。

图 6-64　合握

（5）推枪。在上述动作的基础上，双手挺腕握枪，保持枪身与地面平行，向前推枪至准星照门出现在视线中，并对准目标。可选择正面双手据枪、侧身双手据枪等据枪姿势，或直接出枪为实战戒备姿势（如下图）。

图 6-65　推枪

2. 收枪。在双手据枪射击姿势的基础上，观察四周安全后，双手收枪于胸腹前，左手离开右手，护于胸前，右手持枪收于腰侧，手腕紧贴腰部，压腕枪口垂下，顺势将枪插入枪套。亦可收枪至前述戒备姿势。

（二）长枪的出枪与收枪

在挂枪的基础上出枪时，双手取捷径将枪托上提至肩部位置并成抵肩姿态，将枪提升瞄准线至射击水平位置。枪身保持正直，切忌枪身歪斜（如下图左）。为防止出枪到位时，过度探头寻找平正关系，影响对目标的观察及身体移动的灵活性，枪托可抵住锁骨位置，采用半抵肩姿态（如下图右）。收枪动作按照出枪的动作反方向收回至挂枪姿势，或者收回至低姿、高姿、实战戒备姿势。

图 6-66　长枪的出枪与收枪

九、戒备

（一）手枪戒备姿势

1. 扶枪戒备。当发现警情，存在威胁时，在徒手戒备站立的基础上，右手打开枪套握实枪握把，左手成掌或者握拳贴扶于胸前，眼睛观察前方及周围，发出警告时，左手可将肘部略抬起或成单手提手戒备，保持警戒状态（如下图）。

图 6-67　手枪扶枪戒备

2. 高姿戒备。双手握枪收置于胸前，大小臂弯曲，肘关节指向地面，枪与面颊保持30~40厘米距离，枪口指向正前方，不妨碍视线，手腕固定，肩放松，眼睛观察前方，随时准备实施射击（如下图左）。此姿势适用于窄巷、住宅楼内等狭窄区域。

右手握枪于右侧太阳穴附近，左手同时握拳置于胸前保持戒备。此姿势可用于持枪移动、奔跑、警组行动时为武器提供安全指向及安全定位，强化安全性（如下图中、右）。

图 6-68　手枪高姿戒备

3. 低姿戒备。双手持握手枪，持枪手臂略直，大臂与身体夹紧，枪口指向前下方约30度方向，腕、肘固定，必要时依靠肩关节活动，抬手臂提升瞄准线至射击水平位置。此姿势适用于宽阔的地段，如马路、街道空旷地等（如下图）。

图 6-69　手枪低姿戒备

4. 腹前戒备。双手持枪置于上腹部，手腕固定，枪口指向和小臂指向一致，与地面平行，眼睛观察前方。此姿势用于由射击转为戒备状态、高危险戒备状态（如下图）。或者在此基础上，保持左脚在前，右脚后撤，头部转动 90 度侧向面对目标，成侧身站立的同时右手持枪，枪口顺势左转 90 度，保持目标指向不变，左手手掌包握住持枪手（此时左手拇指指向与枪口相反，加强持握保护）。此姿势有利于戒备状态时加强对枪支的保护或者出枪时直接进入高危险戒备状态时提高对枪支的保护（如下图左）。亦可左手成"八字掌"贴于上腹部，右手持枪，将枪身左侧置于左手背上，枪口指向斜下约 45 度。此姿势可用于危险降级时的戒备或者警组行进时的持枪戒备（如下图中、右）。

图 6-70　手枪腹前戒备

5. 腰间戒备。右手持枪，挺腕固定，紧贴腰侧位置，枪口指向与小臂、食指指向一致，平行于地面，左手置于胸前，眼睛观察枪口指向方向。此姿势可配合推门、防护格挡等动作（如下图左）。或者在单手腰间戒备的基础上，保持左脚在前，右脚后撤，头部转动 90 度侧向面对目标，成侧身站立的同时右手持枪，枪口顺势左转 90 度，保持目标指向不变，左手手掌包握住持枪手（此时左手拇指指向与枪口相反，加强持握保护）。此姿势有利于戒备状态时、左手防护格挡时加强对枪支的保护或者出枪时直接进入高危险戒备状态时提高对枪支的保护（如下图右）。

图 6-71　手枪腰间戒备

6. 战术戒备。左脚在前，右脚在后，前后步站立，侧身面对目标右手持枪，枪口指向目标，枪面略向左斜，与鼻尖同高，大小臂弯曲约 90 度，大臂抬起略与肩平，小臂基本与地面平行，左手掌心向内包握住右手，虎口抵住扳机护圈增加稳定性，左手拇指与右手拇指相接。此姿势武器离身体较近，更加适合在狭小空间使用，提高机动性及枪支保护性，亦可与其他戒备姿势互换；可利用枪支进行戳击、劈击等防卫动作；可在此基础上直接射击进行指向性射击，也可在射击后迅速拉开距离转为其他射击姿态进行精确射击（如下图）。

图 6-72　手枪战术戒备

（二）长枪的戒备姿势

1. 低姿戒备。枪托抵肩，枪口斜下指向体前 2 米左右处地面。以枪托抵肩处为轴心，随时迅速抬枪成射击姿势，枪随身体转动（如下图左）。狭小空间时也可将枪托架于肩上，枪口斜下指向体前 2 米左右处地面，可实施突刺等攻击动作，射击时只需稍推枪向前形成半抵肩之势即可射击（如下图右）。

图 6-73 长枪低姿戒备

2. 高姿戒备。右手握枪握把，左手抓握枪下护盖，枪托底部置于右手侧腰部位置枪口约与太阳穴同高。需要射击时只需要将枪托上提至肩部位置，成抵肩射击。用于在狭小空间中警组行进，或者进行搜索，或者前方有低于腰部的障碍物时行进（如下图）。

图 6-74 长枪高姿戒备

3. 平肩戒备。在高姿戒备的基础上，将枪口移至与眼部同高的位置，按照立姿射击姿势搜索行进，发现目标即可射击（如下图）。

图 6-75　长枪平肩戒备

十、防护

人民警察在佩带警用武器执行勤务过程中，应确保警用武器佩带和使用的安全，防止出现警用武器被抢夺的安全事故。人民警察佩带警用武器遭遇抢夺时可通过徒手防卫技能实施保护，亦可利用徒手防卫技能改变身体姿态，获得空间和距离，通过应急出枪实现武力优势，达到保护目的。

（一）手枪防护

1. 持枪防护。当人民警察持枪高姿戒备时，遇有执法对象突然抢夺枪支的情况时，首先要稳住身体的重心，同时双手合力将枪回拉靠近身体，然后用左手按压对方的手腕及小臂，同时将持枪的右手回抽，与左手的按压形成分措力，将对方的抓握手挣开。拉开安全距离后对其进行警告，并使用武器控制对方。持枪低姿戒备时遇有执法对象突然抢夺枪支的情况时，同样先要稳住身体的重心，然后利用两手的分措力而解脱抓握，拉开安全距离后对其进行警告，并使用武器控制对方。

2. 佩枪防护。当人民警察佩带枪支，遇有执法对象突然抢夺枪支的情况时，首先要用双手抓住对方的双手并用力下压按住自己的手枪，同时身体重心下降，稳住身体平衡，然后撤步并向左转身，摆脱对方，拉开安全距离后对其进行警告，并使用武器控制对方。

（二）长枪防护

当人民警察持枪戒备时，遇到执法对象从正面或侧后企图抢枪的情况时，首先要双手握紧枪支，迅速屈膝，猛力下降重心，使其手腕受挫，迫其松手。双手合力快速用枪管前端戳击对方胸腹，后撤步实现摆脱，拉开安全距离后对其进行警告，并使用武器控制对方。

十一、故障排除操作

（一）常见故障、原因和排除方法（见下表）

枪支常见故障、原因和排除方法

故障现象	发生原因	排除方法
不送弹	（1）弹匣过脏或损坏 （2）机件过脏。枪机（套筒）后退不到定位	（1）擦拭机件或弹匣 （2）更换弹匣
不发火	（1）子弹底火失效 （2）击锤簧弹力不足或击针损坏 （3）机匣或枪机过脏	（1）重新击发 （2）更换子弹 （3）更换击针、击锤簧 （4）擦拭过脏机件
不退壳	（1）子弹、枪机（套筒）、机匣、弹膛及火药气体通路过脏，枪击（套筒）后退不到定位 （2）抓弹钩过脏或损坏	（1）捅出膛内弹壳 （2）擦拭过脏机件 （3）更换抓弹钩
枪机（套筒）未前进到位	（1）弹膛、弹匣、枪机（套筒）、复进机过脏或枪油凝结 （2）子弹或弹匣口变形	（1）推枪机套筒到定位 （2）擦拭过脏机件 （3）更换子弹或弹匣
滑机	（1）击发阻铁磨损或击发阻铁簧弹力不足 （2）机匣和气体调整器过脏，枪机后退不到位	及时修理
不连发	（1）导气箍、枪机或机匣过脏 （2）活塞或调节塞过脏或装定不正确	（1）擦拭过脏机件 （2）正确装定调节塞
击针弹出	击针插销损坏	更换击针插销

（二）实战与训练中快速排除故障方法

1. 套筒闭锁、击锤击打、子弹未发射的故障排除。一看（看套筒是否闭锁）、二拍（用力拍弹匣底部）、三拉（用力拉套筒重复上膛）。

2. 套筒未闭锁、不能击发的故障排除。一看（看套筒是否闭锁）、二拍（用力拍弹匣底部）、三推（由左手掌推套筒后端）。

3. 卡弹（卡壳）的故障排除。一锁（套筒闭锁）、二退（快速退弹匣）、三拉（用力拉套筒排除卡弹）、四装（重新装弹动作）。

思维拓展

一、随堂习题

1. 92G 式 9mm 手枪连续击发的要点有哪些？
2. 套筒未闭锁情况下遇到不能击发的故障该如何排除？

二、法律依据

1. 《中华人民共和国监狱法》第46条。

2. 《中华人民共和国人民警察使用警械和武器条例》第2条、第3条、第4条、第9条、第11条、第12条、第13条。

3. 《司法行政机关公务用枪管理规定》第2条、第21条、第22条。

4. 《人民法院司法警察佩带使用枪支办法》第3条、第6条、第8条、第15条、第17条、第18条。

能力测评

一、任务书

请以小组为单位,根据情境导入案例进行实战演练。

二、任务分组

区队		组号		指导老师	
组长		学号			
组员	姓名	学号		姓名	学号
任务分工					

三、情境考核方案

《战术基础动作》情境考核方案

【考核目标】

通过对战术基础动作的学习,培养安全、规范使用枪支的理念。

【考核内容】

1. 全面考察警用武器使用的规范性。
2. 考察验枪、戒备、防护的基本操作技术和战术动作。

《战术基础动作》情境考核评分表

处置小组:　　　　　　考核组:　　　　　　考核时间:

一级指标	二级指标	学生互评	任课教师	总评
验枪(20分)	64式7.62mm手枪验枪(10分)			
	92G式9mm手枪验枪(10分)			
手枪防护(20分)	持枪防护(10分)			
	佩枪防护(10分)			
手枪戒备(60分)	扶枪戒备(10分)			
	高姿戒备(10分)			
	低姿戒备(10分)			
	腹前戒备(10分)			
	腰间戒备(10分)			
	战术戒备(10分)			
合计(100分)				

学习任务四　应用射击技术

🎯 学习目标

知识目标：掌握持枪移动、识别利用掩体及更换弹匣技术。

能力目标：掌握近距离精确射击、近距离快速射击、对隐显目标的射击、利用掩体射击、弱光环境下射击、尾追射击技术。

素养目标：培养依法、准确、安全、有效使用警用武器的意识。

🎯 情境导入

情境导入一：2015年8月17日9时，某省监狱发生罪犯翻墙脱逃事件，监狱民警携警用武器在包围圈内路口设卡盘查。17时左右民警黄某发现一男子从距离卡点约50米处的中巴车内下来并向反方向快速离开，黄某叫上同事李某迅速朝该男子追去，同时大声要求该男子停下配合检查，该男子不听指令反而加速向前跑进路边一废弃仓库，两名民警随即拔出手枪，交替掩护进入仓库搜索该可疑男子，发现该男子隐藏在杂物堆里，黄某、李某两名警官用枪控制对方，经照片比对证实该男子正是越狱罪犯张某。民警李某持枪警戒，民警黄某准备上前给张某上背铐，正当民警黄某接近张某时，张某突然转身，从腰上抽出一把匕首向民警黄某颈部刺来，民警黄某迅速后撤拉开距离，此时民警李某开枪击中张某腿部，张某中弹倒地后，民警李某上前将匕首踢飞并保持持枪警戒姿势，由民警黄某上前完成上铐和搜身，随后民警黄某向指挥部汇报现场情况。

情境导入二：2003年3月，某县人民法院开庭审理一起抢劫案件时，被告人胡某某趁机脱逃，押解司法警察奋力追击，拦截的司法警察鸣枪警告无效后，果断开枪，击伤其小腿，将其抓捕。

🎯 基本知识

一、应用射击基础

（一）武力转换

人民警察使用警用武器应运用法治思维，本着依法安全有效的原则，根据实际警情进行观察、判断、站位、处置，升降武力级别，实现出枪、戒备、警告、上膛及射击间的动作转换。也可视警情的变化，在徒手控制、出枪警告、戒备击打、鸣枪警告、开枪射击等方式间进行转换。

（二）警告

人民警察开枪前需要警告，通常有两种方法：鸣枪警告和口头警告。

1. 警告内容。语言警告用于人民警察在满足开枪的条件时，用短促、洪亮、命令式的语言警告对方停止犯罪行为。通常开枪前均要警告，警告可采用"我是××，我要求你×××，不服从命令就会××××"的模式进行。常用的警告语："警察，放下凶器，否则开枪！无关人员躲避！""警察，放下凶器，举起双手，否则开枪！""警察，蹲下！停止你的犯罪行为，否则开枪！"等。

2. 警告作用。当来不及警告或者警告后可能会导致更严重后果的，可以选择直接开枪。人民警察要熟悉紧迫状态的情况，培养险情感知能力。

鸣枪警告是指人民警察在满足开枪条件时，向安全方向鸣枪，为进一步震慑目标使其停止犯罪行为而采取的一种手段。鸣枪警告要考虑环境条件，确保安全，适用于空旷场所。

警告在警情处置过程中对于判明是否开枪至关重要，人民警察应根据现场具体情况，随时调整武力戒备状态。

（三）快速上膛

快速上膛是人民警察在履行职务过程中，佩带枪支，枪弹结合但未上膛，遇有左手受限或现场情况无法正常上膛时需要掌握的技术动作。

1. 人民警察左手动作受限或另有动作时，可利用单警装备的腰带、枪套等能卡住或者勾挂住手枪缺口的随身物体推动套筒进行上膛。亦可利用衣服、战术背心等摩擦力较大的物体卡住缺口，搓动套筒进行上膛。

2. 人民警察在极近距离遭受袭击时，可用左手进行格挡获得空间实现应急出枪，实战戒备，根据需要利用枪支进行戳击，收回枪支的同时左手顺侧身之势拉动套筒上膛戒备，准备射击。

3. 人民警察应急出枪至腰际成单手腰间戒备时，左手在腰际反手抓握套筒进行上膛。

4. 人民警察背后遇袭时，利用转身实现解脱，在脱离对方的同时，应急出枪至腰际，左手直接反握套筒，进行上膛，迅速成实战戒备状态进行射击。

图 6-76　快速上膛

（四）持枪移动

持枪移动中应保持枪支相对稳定，确保安全。

1. 前后移动。向前移动时，身体重心保持平稳，双脚横向距离略近，脚跟先着地，膝盖弯曲，落步轻，步幅为一脚之长，身体重心起伏小，移动速度通过步频调整，保持射击姿势或者实战戒备，目视前方，移动到位后恢复正常站姿以便转移下一个射击位。向后移动的动作和向前移动的动作一样，只是向后移动时，身体重心保持平稳，脚尖先着地，目视前方。此法主要用于向前逼近、搜索及移动中射击（如下图）。

图 6-77 前后移动

2. 左右移动。向左、右移动时，需进行良好的注意力分配，上半身保持射击姿态和枪口指向不离开目标，身体重心保持平稳，脚跟先着地，脚尖尽可能指向行进方向，落步轻，右手侧脚尖微外展，左手侧脚尖向前，身体重心起伏小。持枪时，保持射击姿势或者实战戒备，目视左、右方。向左移动，为使动作协调，可调整单手持枪或保持双手持枪向左移动（如下图）。

图 6-78 左右移动

3. 快速跑动。持枪快速跑动时，右手握枪于同侧太阳穴附近，保持单手高姿戒备，确保安全指向。奔跑中,右手手臂保持不动,保持枪支位置稳定,左手手臂快速摆动提高跑动速度(如下图)。

图 6-79 快速跑动

(五)识别利用掩体

掩体是在实战中能有效阻挡子弹的物体,保护人民警察安全防范枪击的各种物体的总称。正确识别利用掩体对人民警察安全起着至关重要的作用。

1. 枪战时应就近选择厚度、密度较高的物体来抵挡子弹的袭击,并争取在最短时间内到达掩体的安全区内,如墙体、墙角等。

2. 观察。接近掩体后快速探头观察,左手辅助保持身体平衡,减少头部及身体的暴露范围,防止衣帽先暴露。需要再次观察时,应尽量改变观察位置(如下图)。

图 6-80 观察

3. 切角。为提前发现目标,身体与掩体(墙角)保持适当距离,通常为射手的手臂长短。枪口指向危险区(墙角边缘),使眼睛领先身体任何部位;以墙角为轴心,利用移步或滑步推进横向弧线运动，逐步将墙角后面隐蔽区域纳入视线范围，直至完全拐过墙角或发现对方为止。要特别注意光线对行动的影响，脚尖尽可能内扣或平行于掩体和目标的投影线，防止将身影首先暴露给对方，并保证被击中后的目标倒向掩体内侧而不是外侧（如下图）。

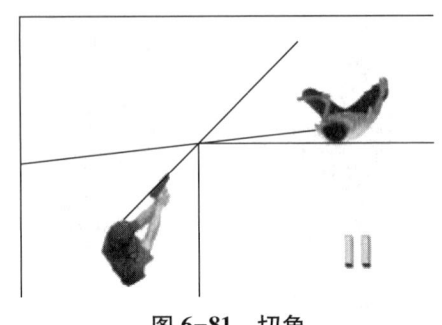

图 6-81　切角

4. 利用掩体推进与撤离。利用掩体推进，迅速跃进最近距离的掩体安全影区后，再向前一掩体推进；撤离按此方法，反方向利用掩体撤回。

（六）更换弹匣

1. 紧急更换弹匣。射击过程中，弹匣内子弹消耗殆尽，枪支已处于挂机或者无弹状态时，情况紧急，必须马上更换弹匣，称之为紧急更换弹匣。更换弹匣时，目视目标方向，将枪回收至胸前的同时，左手取出实弹匣，右手持枪，枪面略右转，拇指按下弹匣卡榫释放空弹匣，将实弹匣插入弹匣仓，拉动套筒上膛，成射击姿势继续射击（如下图）。

图 6-82　紧急更换弹匣

2. 战术更换弹匣。当弹匣内子弹较少又无法确认具体数量时，为保证实战不受影响，可进行战术更换弹匣。战术更换弹匣较紧急更换弹匣安全系数高，动作平缓。更换弹匣时，目视目标方向，将枪回收至胸前的同时，左手取出备用弹匣，右手持枪，枪面略右转，拇指按下弹匣卡榫，将弹匣释放至左手用小鱼际与大鱼际夹住，此时更换下的弹匣与备用弹匣成"L"形，将备用弹匣插入弹匣仓，右手持枪戒备，左手再将替换下的弹匣装入弹匣套，继而成射击姿势继续射击（如下图）。

图 6-83 战术更换弹匣

3. 回收更换弹匣。回收更换弹匣是指射手取下旧弹匣后先将其保存在弹匣套或收纳袋中,再取出备用弹匣插入弹匣仓。相比战术更换弹匣,回收更换弹匣适合在一般情况下或日常训练中使用,也适合手部较小、训练时长较短的射手使用。

二、应用射击

(一) 近距离精确射击

人民警察近距离固定目标射击技术主要包括人民警察执行特殊勤务时需要掌握的射击动作和特殊要求。根据目标高度,采用立姿、无依托据枪方式,枪支保持子弹上膛,关闭保险。

1. 95 式 5.8mm 自动步枪精确射击。动作要领:根据指令,面对目标;两脚适度分开,前后站立,膝微曲,重心落于两脚之间;左手托握下护手(或小握把)左大臂不靠左肋(握小握把时,左大臂紧靠左肋),小臂尽量里合贴于枪身下方;右手虎口向前握握把,大臂自然抬起,两手正直向后用力,使枪托确实抵在肩窝,控制射击时摆动后坐;肘自然下垂,含胸拔背,身体前倾,姿势稳固(如下图)。

图 6-84 95 式 5.8mm 自动步枪精确射击

射击要求:自然贴腮,注意力集中在目标上,枪口距离目标约 5 厘米,食指贴于护圈外;得到指令后右手拇指打开枪支保险;听到射击命令后立刻击发;射击完毕,右手前推左手回拉使枪口向上,自行验枪;根据指令离开。

2. 92G 式 9mm 手枪精确射击。人民警察使用手枪进行近距离固定目标射击，通常采用两种立姿据枪姿势。

（1）单手据枪射击。动作要领：根据指令，面对目标，在立正的基础上，右手打开枪套出枪置于右胸前，撤左步，身体大半面向左转；右手以虎口对正握把后方，拇指自然伸直，用手掌肉厚部分和余指的合力握住握把，食指第一指节贴于扳机护圈上；大臂自然下垂，手与肩同高，枪口指向前上方。

射击要求：得到指令后右手拇指打开枪支保险；左手自然下垂于体侧，右手持枪指向目标，手腕挺直，枪面要平，枪口距离目标约 5 厘米，食指贴于扳机；听到射击命令后立刻击发，射击完毕右手收至右胸前，枪口向前上，自行验枪后收枪入套，身体略左转成立正姿势；根据指令离开（如下图）。

图 6-85　单手据枪射击

（2）双手侧身据枪。动作要领：根据指令，面对目标，在立正的基础上，右手打开枪套出枪置于右胸前，左脚向目标方向迈出一大步成左弓步，两脚尖稍向外，身体侧线与目标射向约成 45 度；左肘尽量里合于右肘下，左手虎口向前，掌心向上托握套筒座底端，两手腕相接，左手包握右手，以右手前推左手托带的力量，合力将枪握紧，右臂略直，右腮轻贴右大臂成射击准备姿势（如下图）。

图 6-86　双手侧身据枪

射击要求：得到指令后右手拇指打开枪支保险，食指贴于扳机护圈，枪口距离目标约5厘米；听到射击命令后立刻击发，射击完毕收枪于胸前，撤左脚成立正姿势，自行验枪后收枪入套；根据指令离开。

（二）近距离快速射击

近距离快速射击是指满足开枪条件，近距离面对目标，判明情况快速连续射击，保持警戒的技术。

射击要点：射击时，注意力应集中在目标上，快速出枪，双手握紧握实枪支，用右手的前手臂和食指带动手枪指向目标，确保枪面平正，进行指向瞄准后，快速果断向虎口方向扣压扳机，快扣快松，手指不离开扳机，连续击发。

射击后动作要求：保持警戒，持枪戒备；危险排除，验枪收枪。

（三）对隐显目标的射击

对隐显目标的射击是指对时隐时显的目标进行的射击，其特点是目标出现突然，暴露时间短暂，需要对目标的隐显规律进行评估，对下一次显现的位置进行预判，迅速瞄准，快速射击。

射击要点：评估目标隐显速度，在正确据枪的基础上，瞄准目标隐蔽之后即将出现的位置，预压扳机，当目标出现在瞄准区域，果断射击后，持枪警戒。

如目标隐显规律不定，在保持警戒、观察的基础上，正确据枪，双眼全部的注意力集中以捕捉目标，进行指向瞄准，发现目标快速射击。

（四）利用掩体射击

利用掩体射击时，应充分考虑掩体形状，选择射击姿势，尽量选择右手侧进行。在不影响视线的前提下，减少头部及身体的暴露面积，枪管避免前伸暴露在掩体外。

1. 利用掩体立姿射击。利用掩体从右后侧立姿射击时，应将右侧腿前置，前后站立，左右分开与肩同宽，重心略向右前倾，保持正确据枪姿势，快速瞄准，快速击发，快速隐蔽。从左侧射击时应将左侧腿前置，重心略向左前倾，其他要点同右侧（如下图）。

图 6-87 利用掩体立姿射击

2. 利用掩体跪姿射击。利用掩体从右后侧跪姿射击时，应采用右侧腿跪地，左侧腿支撑的方式，重心略向右前倾，保持正确据枪姿势，快速瞄准，快速击发，快速隐蔽。从左侧射击时应采用左侧腿跪地，右侧腿支撑的方式，重心略向左前倾，其他要点同右侧（如下图）。

图 6-88 利用掩体跪姿射击

3. 利用掩体卧姿射击。卧姿射击有多种，结合人民警察实务，如可利用轮胎为掩体，进行卧姿射击，根据目标情况选择左侧卧姿或者右侧卧姿。以左侧卧姿为例，身体重心向左下倾斜，左手撑地，伸腿下潜，左腿在下，右腿在上，两脚蹬住轮胎，屈膝含胸团缩，保持稳定，成双手持枪射击姿势，根据掩体及现场情况灵活掌握。

（五）弱光环境下射击

人民警察在弱光环境下射击，为提高危险识别能力，避免误射，确保安全，需要结合手电使用。结合手电进行射击，应严格遵循观察移动原则，即手电点亮后迅速观察周围环境，确认目标、排除危险点后，立刻关闭手电，移动更换位置。需要时打开，不需要时坚决关闭，防止位置暴露，以此循环，确保自己和队友安全。

1. 手枪与手电结合持握。

（1）举照式。右手持枪戒备，左手取出手电正握，灯头朝前，举向左上方形成持握姿势，同时拇指按压开关，枪口指向和照明方向一致，枪的纵轴与手电平行。优点在于两手平行并握易于分开操作，利用手电光的欺骗作用时可右手单手持枪，左手持手电通过随机变换位置和高度点射用光来欺骗对方，保证自己的安全（如下图）。

图 6-89 举照式

（2）手背贴靠式。右手持枪戒备，左手取出手电反握，灯头朝前，翻腕形成持握姿势，同时拇指按压尾部战术开关，不影响据枪动作，成手腕交叠式，枪口指向和照明方向一致，枪的纵轴与手电平行。此持握方式可适用于普通型手电和战术型手电（尾部战术开关）。优点在于持枪手在射击时有良好的支撑，点亮确定位置后可迅速射击并关闭手电，配合更为紧密（如下图）。

图 6-90 手背贴靠式

2. 弱光环境下手枪射击技术。弱光环境中射击，通常需要手电配合。右手取枪上膛，持枪戒备；左手取手电，避开枪口，取捷径，以并握式或手背贴靠式和手枪结合。射击前先打开手电观察判断，锁定目标的同时进行警告，而后立刻关闭手电，快速移动，尽量不要发出声音，到达新位置后再次点亮手电，锁定目标进行射击。射击时应坚持正确的据枪方式，点亮手电锁定目标的同时调整枪口高低，确保正确的瞄准关系，快速射击。射击完成后迅速关闭手电快速移动，再次点亮手电进行观察，确认安全后方可收手电入套，验枪后收枪。持强光手电结合手枪射击时，如条件允许，可在发现目标之时对目标进行强光压制、警告、射击。

（六）尾追射击

尾追射击是移动射击的一种类型，人民警察对目标进行追击，确需使用枪支射击时，选择恰当的时机，在适合的射击距离上进行较为精准的射击。

1. 追和停的稳定。追击速度要快，达到合适的射击距离时，利用小碎步进行"点刹"制动的同时调整呼吸（如下图左），扶枪戒备，停止后成半马步站姿准备，迅速出枪上膛，成正面双手据枪（如下图右）。

图 6-91 追和停的稳定

2. 停止后的射击调整及击发。快速跑动会导致心率加速，影响射击的稳定性，在上述射击准备的基础上，调整重心、深呼吸，放松肩膀及持枪手臂，保持枪支的正确指向。迅速吸气—闭气，找准平正关系，完成瞄准和击发。无法完成迅速吸气—闭气时，在维持正确的平正关系基础上，尽量使身体与呼吸保持一致的上下浮动，减少左右晃动，对准目标，正直均匀地扣动扳机进行射击。

3. 逼近射击。当警情发生变化，距离目标较近，需要开枪射击时，可采用前后移动及左右移动的方法，以较慢速度逼近目标，尽量选择在起步与落步中间，或者在落步的瞬间进行击发，注重维持枪支指向及平正关系的基本稳定性。

思维拓展

一、随堂习题

1. 掩体的选择原则是什么？
2. 近距离快速射击要点有哪些？
3. 利用掩体跪姿射击要点有哪些？

二、法律依据

1. 《中华人民共和国监狱法》第46条。

2. 《中华人民共和国人民警察使用警械和武器条例》第2条、第3条、第4条、第9条、第11条、第12条、第13条。

3. 《司法行政机关公务用枪管理规定》第2条、第21条、第22条。

4. 《人民法院司法警察佩带使用枪支办法》第3条、第6条、第8条、第15条、第17条、第18条。

能力测评

一、任务书

请以小组为单位,根据情境导入案例进行实战演练。

二、任务分组

区队		组号		指导老师	
组长		学号			
组员	姓名	学号	姓名	学号	
任务分工					

三、情境考核方案

《应用射击技术》情境考核方案

【考核目标】

在学生熟练掌握近距离快速射击、弱光环境下射击、近距离精确射击和尾追射击等技术后，根据情境导入案例进行实战考核，提升学生的实战运用能力。

【考核内容】

1. 全面考察学生对应用射击技术的规范掌握。
2. 考察学生对警告、持枪移动、观察、切角、更换弹匣等技术的掌握程度。

《应用射击技术》情境考核评分表

处置小组：　　　　　考核组：　　　　　考核时间：

一级指标	二级指标	学生互评	任课教师	总评
警告（20分）	规范用语（10分）			
	声响震慑力（10分）			
持枪移动（30分）	前后移动（10分）			
	左右移动（10分）			
	快速跑动（10分）			
切角（20分）	跪姿（10分）			
	站姿（10分）			
更换弹匣（30分）	紧急更换弹匣（15分）			
	战术更换弹匣（15分）			
合计（100分）				

学习任务五　实弹射击组织与实施

学习目标

知识目标：了解靶场设置，熟悉靶场人员组成及职责。

能力目标：掌握靶场安全规则和实弹射击训练注意事项。

素质目标：培养学生听从指挥令行禁止的安全意识。

情境导入

情境导入一：2023 年 8 月，某省监狱系统组织民警实弹射击训练，射击科目为 92G 式 9mm 手枪近距离快速射击。

情境导入二：2023 年 11 月，某市中级人民法院组织全市司法警察实弹射击训练，射击科目为 92G 式 9mm 手枪近距离快速射击。

一、靶场设置及人员组成与职责

（一）靶场设置

室内靶场组织实弹射击时，其靶场布置一般应设置基本的功能区域：靶位区、射击区（射击地线）、出发地线、警戒区（警戒线）、准备区（含验枪区）、枪支区、弹药区以及医疗区等（如下图）。

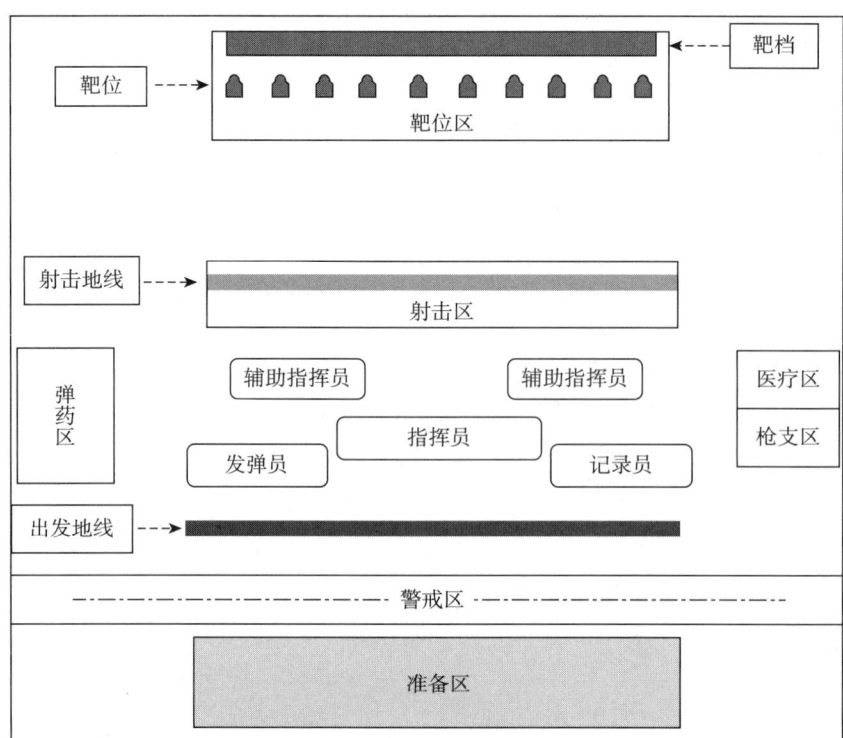

图 6-92　靶场设置

另外，靶场设置也可以根据训练课目进行调整，如精度射击靶场、快速射击靶场、情景射击靶场、夜间射击靶场、狙击射击靶场等。

（二）人员组成与职责

1. 人员组成。组织实弹射击，应具备基本的组织工作人员：指挥员、辅助指挥员、安全员、记录员、发弹员、修械人员、医务人员以及警戒人员等。

2. 职责。

（1）指挥员：是整个射击训练的主讲教师，负责设置场地，派遣勤务，组织、指挥射击，监督全体人员遵守靶场各项规定和安全规则，处理有关问题。

（2）辅助指挥员：是在指挥员的领导下，负责本地段（几个靶位）的射击指挥。

（3）安全员：负责各自靶位的安全工作。

（4）记录员：负责记录和统计成绩。

（5）发弹员：负责发给参训人员子弹。

（6）修械人员：负责排除和修理枪械故障。

（7）医务人员：负责现场急救伤病员。

（8）警戒人员：负责全场的警戒及相关任务。

二、实弹射击前期准备工作

（一）检查场地，明确程序

组织实弹射击前，应明确靶场设置，熟悉组织实施实弹射击的一般程序和方法，熟悉武器实弹射击的有关规则和射击条件，严格按规则和条件组织进行。

（二）准备警用武器弹药和器材

1. 准备警用武器弹药。检查枪支是否完好，是否符合射击要求，必要时进行试枪和矫正射击，并根据练习条件和实弹射击人数准备弹药。

2. 准备器材。根据射击条件和每组射击人数，拟订好所需器材的准备计划，然后具体组织落实。实弹射击需要准备的器材主要有靶板、靶纸、补靶纸、图钉、胶水等；靶位号牌、射击位置号牌、警戒人员位置标识牌等；警戒旗、杆、带、观靶镜、秒表、成绩登记表、通信器材。

（三）射击编组

根据参加射击的人数、把位数，拟定射击编组方法，确定各组名单和组长，通常每组的第一名为组长，组长负责带领本组成员按指挥员的口令进入指定位置。

三、射击课目设置

练习一：对固定目标射击。

练习二：对隐显目标射击。

练习三：手枪近距离快速射击。

练习四：手枪应用射击（选训）。

练习五：模拟执法场景射击（选训）。

四、训练组织流程

1. 科目训练前集合清点人数，检查着装后带入靶场准备区。

2. 指挥员宣布训练科目和训练流程，辅助指挥员布置场地，修械人员检查枪支弹药情况。

3. 靶场指挥员、辅助指挥员、安全员等到位，射击训练编组成员从出发地线进入射击区。

4. 射击训练成员按照指挥员的口令统一进行射击操作。实弹射击指挥员口令：

（1）进入射击区域（从出发地线进入射击区）。

（2）戴护具、验枪（戴护目镜和耳罩、验枪、枪出套）。

（3）开始射击（枪弹结合、开始射击）。

（4）验枪（验枪，枪入套）。

（5）摘护具（卸下耳罩和护目镜）。

（6）离场（退出射击地线，小组长带回）。

5. 射击全部结束后指挥员点评，然后在指挥员的监督下，由修械人员和发弹员进行枪支弹药情况检查。在辅助指挥员指挥下，由安全员、警戒人员做好场地清理工作。记录员将整场射击训练、枪支弹药使用和靶场使用等情况进行记录。

6. 枪支保养后，归还枪支及剩余弹药。

五、实弹射击注意事项

1. 认真执行警用武器使用安全规则。

2. 射击训练、实弹射击中，一切行动听指挥员口令。

3. 持枪动作规范，指向安全，更换弹匣动作规范。

4. 预习或实弹射击前后应按照规定流程进行验枪。

5. 枪出现故障时要冷静，保持枪口安全方向，举手报告，根据情况，自行排除或者统一排除。

6. 实弹射击时，发现前方有不明情况，停止射击，将枪口指向安全方向，报告讲明，排除隐患后再进行射击。

思维拓展

随堂习题

1. 组织实弹射击时应该准备哪些器材？
2. 实弹射击有哪些注意事项？

能力测评

一、任务书

请以小组为单位,根据情境导入案例进行实战演练。

二、任务分组

区队		组号		指导老师	
组长		学号			
组员	姓名		学号	姓名	学号
任务分工					

三、情境考核方案

《实弹射击组织与实施》情境考核方案

【考核目标】

在学生熟练掌握靶场人员组成与职责,以及实弹射击组织与实施的流程后,根据情境导入案例进行实战考核,以提高学生的实战能力。

【考核内容】

1. 考察靶场组成人员组织协调能力。

2. 考察实弹射击注意事项。

《实弹射击组织与实施》情境考核评分表

处置小组:　　　　　考核组:　　　　　考核时间:

一级指标	二级指标	学生互评	任课教师	总评
靶场人员职责(20分)	组织协调(20分)			
实弹射击前期准备工作(60分)	检查场地,明确程序(20分)			
	准备警用武器弹药和器材(20分)			
	射击编组(20分)			
实弹射击注意事项(20分)	听从指挥(10分)			
	安全有序(10分)			
合计(100分)				